THERESA BRÜCKNER

LOSLASSEN, DURCHATMEN, AUSPROBIEREN

THERESA BRÜCKNER

LOSLASSEN, DURCHATMEN, AUSPROBIEREN

Die Zukunft der Kirche beginnt nicht nur im Kopf

HERDER

FREIBURG · BASEL · WIEN

Satz: Daniel Förster, Belgern
Herstellung: GGP Media GmbH, Pößneck
Printed in Germany

ISBN Print: 978-3-451-39538-3
ISBN E-Book (EPUB): 978-3-451-83214-7

Danke an meine Familie.
Ihr seid mein Halt.

INHALT

HAT DIESE KIRCHE
EINE ZUKUNFT?

Zuversicht, Gleichwürdigkeit, Liebe – das macht den christlichen Glauben für mich so wertvoll. Als ich 14 Jahre alt war, erlebte ich in einem Jugendcamp genau das und wurde Christin. Diese Erfahrungen waren für mich tief und prägend, ich wollte das in Gemeinschaft weitererleben und weitergeben. Und so wurde ich ehrenamtliche Mitarbeiterin in meiner Kirchengemeinde. Ich war Mitglied in einer Band, die Jugendgottesdienste gestaltete, begleitete Konfirmand:innen während der Zeit bis zur Konfirmation und engagierte mich in der Jungen Gemeinde. Später, während des Theologiestudiums, arbeitete ich als Angestellte für die evangelische Kirche – erst führte ich regelmäßig Tourist:innen durch eine Berliner Stadtkirche, dann arbeitete ich als Jugendmitarbeiterin. Seit fünf Jahren bin ich Pfarrerin.

Das Miteinander und Arbeiten in der Kirche – egal ob als Ehrenamtliche, Angestellte oder Hauptamtliche – hat etwas mit mir gemacht. Nicht immer etwas Gutes. Mehr und mehr habe ich mich im vergangenen Jahr gefragt, was ich sonst noch so alles mit meinem Leben hätte anstellen können, wenn ich nicht Pfarrerin geworden wäre. Als der Gedanke aufkam, fragte ich mich: Habe ich meinen Idealismus vielleicht sogar schon verloren? Ist es überhaupt möglich, sich in der heutigen Zeit und unter den aktuellen Umständen noch mit Freude und Idealen für die Institution Kirche zu engagieren?

Vor einem Jahr wurde mir klar, dass ich so gedanklich nicht weitermachen kann. Dass mir die negative Gedankenspirale nicht weiterhilft. Ich überlegte konkret, was mir helfen könnte, um aus langen Sitzungen mit frustrierenden Gesprächen und immer wiederkehrenden Themen nicht jedes Mal derart desillusioniert herauszugehen. Mittlerweile habe ich Antworten für mich gefunden. Antworten, die ich in diesem Buch mit allen Menschen, die sich wie ich Gedanken zur Zukunft der Kirche machen, teilen möchte. Ich habe eigene Perspektiven auf verschiedene Szenarien entwickelt und Herangehensweisen, die mir helfen, inspiriert und zukunftsorientiert in der Kirche zu arbeiten und zu denken. Aber auch realistisch.

In meinem Leben mit der Kirche habe ich viele Sätze gehört, die mich zum Teil lange beschäftigt haben. Diese Sätze sind in diesem Buch als Überschriften zu finden. Es sind Sätze, die mich getroffen, wütend gemacht, verletzt oder auch traurig gemacht haben. Ich teile sie in diesem Buch, weil ich sicher bin, dass ich nicht die Einzige bin, die in der Kirche mit solchen Sätzen konfrontiert worden ist. Dieses Buch schreibe ich, um diesen destruktiven Sätzen etwas entgegenzusetzen – nichts Zerstörerisches, sondern konstruktive Visionen für die Kirche. Meine Visionssätze sind Thesen und Momentaufnahmen, sie sind im Zusammenhang langjähriger Erfahrungen mit der Kirche als Gemeindemitglied, Ehrenamtlerin, kirchliche Angestellte, Theologiestudentin, Vikarin und Pfarrerin entstanden.

Dieses Buch ist wie eine Art Bestandsaufnahme – wo sehe ich die Kirche und uns als Organisation und Glaubende aktuell stehen? Was wünsche ich mir für die Zukunft?

Ich wünsche mir, dass wir ins Gespräch kommen, anfangen, uns ehrlich und konstruktiv Kritik auszusetzen und unsere Veränderung zu gestalten, statt das Gefühl zu haben, unseren Untergang verwalten zu müssen. Deshalb schreibe ich dieses Buch – um meinen Traum von Kirche nicht zu verlieren, um an meinem Idealismus in der Kirche nicht zu scheitern, um bewusst zu hinterfragen, was heute noch in der Kirche geht und was nicht, und um zu visionieren, was geschehen sollte. Um all das zu teilen und zu zeigen, was mir geholfen hat. Und um der Generation nach mir ein kirchliches Erbe zu hinterlassen, bei dem es ihr hoffentlich nicht so schwerfällt, es anzunehmen, wie es mir gefallen ist.

Ich lade dich herzlich ein, einen Blick auf die Kirche aus meiner Perspektive einzunehmen. Vielleicht findest du manche Dinge total nachvollziehbar und fragst dich, warum sie überhaupt aufgeschrieben werden müssen. Vielleicht gibt es Punkte, die siehst du komplett anders. Und vielleicht gibt es Aspekte, die bringen dich dazu, neu zu denken oder einen Perspektivwechsel vorzunehmen.

KAPITEL 1

MUT, ALLE GENERATIONEN ERNST ZU NEHMEN

---

*Von neuen Ideen, Pionierprojekten
und einem anderen Miteinander
der Generationen.*

»Sie arrogantes junges Ding haben doch keine Ahnung, wie das in der Kirche läuft.«

Ich sitze fassungslos da, erstarrt und getroffen. Die Worte hallen in meinem Kopf mit enormer Schlagkraft nach und ich bin sprachlos. In dem kleinen, schlecht gelüfteten Kirchenbüro wird die Luft noch stickiger, als sie es ohnehin schon ist. Die Wände sind kahl und weiß wie das Flipchart, das zwischen uns steht.

Wir sind mitten in einem professionell begleiteten Gespräch, um einen vorangegangenen Konflikt, zu dem es im Rahmen meiner Arbeit als Pfarrerin kam, beiseitelegen zu können. Das hatte ich zumindest gehofft. Ich hatte von meinem Gegenüber eine Entschuldigung erwartet, aber nicht, dass es zu diesem Konflikt noch on top eine Beleidigung geben würde. Der Satz markiert für mich eine Zäsur – sowohl in dem Gesamtkonflikt mit der Person als auch in meiner Arbeit als Pfarrerin.

Ich träume von einer Kirche, in der wir uns gleichwürdig begegnen. Keinesfalls immer einstimmig oder gleicher Meinung, aber respektvoll. Lange hatte ich gedacht, dass mir bei meinem Engagement in und meiner Arbeit für die Kirche auf Augenhöhe begegnet wird, wenn ich erst mal durch all die Reifen gesprungen bin und das Theologiestudium, die praktische Ausbildungsphase zur Pfarrerin – das Vikariat und den Entsendungsdienst, also die ersten Jahre als Pfarrerin – hinter mir habe. Doch irgendwann wurde mir klar – es gibt immer noch Menschen, die davon ausgehen, dass allein das Alter ausschlaggebend dafür sei, wer recht hat und wer nicht.

Das Verhalten dieser Person hielt mir das wieder einmal mehr vor Augen und der Satz hatte so viele weitere verletzende Botschaften:

Theresa, du passt hier nicht rein.

Ich will, dass die Kirche so bleibt, wie ich sie kenne.

Du ignorierst, wer hier etwas zu sagen hat und wer lieber still bleiben sollte.

Du verstehst nicht, wie es in dieser Kirche schon immer läuft.

Oder, noch schlimmer:

Theresa, du verstehst, wie es läuft, aber du akzeptierst es nicht, deshalb halte ich dich jetzt auf.

Du bist für dein Alter viel zu laut.

Tief verletzt und auch verunsichert verließ ich an dem Tag den Ort des Gesprächs. Mir war klar, ich muss einiges aus dem Gespräch aufarbeiten, weil es nicht die erste Machtdemonstration dieser Art mir gegenüber war. All das hallte in mir nach.

Deshalb nahm ich den Konflikt mit in die Beratung mit einem Coach zu einer sogenannten Supervision. Dabei wurde mir einiges klarer: Ich war für die Person vermutlich Projektionsfläche für so vieles: die Veränderungen in der Kirche, die Angst vor dem, was kommt, die Digitalität, die veränderten Machtstrukturen, andere Hierarchien – ein ganz anderes Denken über das Arbeiten und Sein in der Kirche. All das entschuldigt nicht die Respektlosigkeit dieses Aussagesatzes – ganz zu schweigen von dem dazugehörigen Ton und dem Gesamtverhalten dieser Person.

Die übergeordnete Problematik dieses Konfliktes war jedoch: Es prallten Generationen aufeinander. Maßgeblich wird die Institution Kirche von der Babyboomer-Generation (1946 bis 1964) geprägt, also der ersten Nachkriegsgeneration des Zweiten Weltkrieges mit der höchsten Geburtenrate.[1] Das Ende dieser Generation wird durch die Einführung der Antibabypille markiert, weshalb ab 1964 die Geburtenrate sank. Außerdem von der Generation X (1965 bis 1979), der ersten Generation, die keine Kriegseinwirkung hatte – aber die des geteilten Deutschlands.

Ich selbst bin Teil der Generation Y, auch Millennials genannt (Geburtenjahre 1980 bis 1994) oder eben Generation Why. Dieses *Warum*, nach dem meine Generation generell gerne fragt, ist genau das, was auch meine ersten Jahre als Pfarrerin prägte, denn ich merkte – ich verliere den Glauben an die Institution Kirche.

Warum frage ich mich in so vielen Situationen in dieser Kirche: Warum bin ich dabei? Mitten im Strukturwandel, zwischen den deutlichen Kirchenaustrittszahlen, den Stellenstreichungen, den Missbrauchsvorwürfen. Warum lasse ich diese Kirche nicht hinter mir? Warum arbeite ich sogar in dieser Kirche, wenn mir immer wieder so herablassend begegnet wird? Muss ich mich daran gewöhnen, weil das in anderen großen Institutionen immer so ist? Muss ich die Sätze, die über den jeweiligen Kapiteln stehen, die ich alle genau so gehört habe – meist im direkten Gespräch und immer von kirchlichen Mitarbeitenden oder Kolleg:innen –, einfach so hinnehmen? Jedes Mal haben sie mich tief getroffen, lange beschäftigt und vor allem – mich an mir selbst zweifeln lassen. Nach zwanzig Jahren in der Kirche frage ich mich konkret: Warum muss es in der Kirche so weitergehen, wie es die Generation vor mir erwartet?

Mir ist mittlerweile klar: Die Kirche steckt mitten in einem gewaltigen Umbruch. Ich muss all diese Veränderungen in der Kirche annehmen und akzeptieren. Es wird nicht wieder so, wie es früher mal war. Es ist so, wie es ist – und es wird noch krasser.

Der Abschiedsprozess in der Kirche läuft schon so lange.

Ich habe mich von vollen Kirchen verabschiedet – am Sonntagmorgen im Allgemeinen und an kirchlichen Feiertagen im Speziellen.

Ich habe mich von hohen Tauf-, Konfirmand:innen-Zahlen verabschiedet und von Beerdigungen, auf denen die Menschen das Vaterunser mit mir sprechen können.

Ich verabschiede mich von der Hoffnung, dass wir wieder – wie früher – viel mehr Ehrenamtliche für unsere jeweiligen Aufgaben in den Gemeinden finden werden.

Die erste Zeit haben mich diese Gedanken gelähmt, weil Abschied immer schmerzt und Veränderung Angst macht. Und ich weiß, dass vielen der Abschied noch sehr schwerfällt. Doch wir müssen radikal akzeptieren, dass sich in der Kirche auch in Zukunft vieles verändern wird.

Mittlerweile macht mir das keine Angst mehr. Die Kirche besteht in der Form, wie wir sie heute kennen, weil es menschlich ist, dass wir eine Institution und Organisation für unseren Glauben brauchen. Aber auch wenn sich die Kirche verändert – so wie sie es schon immer gemacht hat –, bleibt Gott da.

Ich weiß: Wenn ich mich nicht aus dieser Kirche verabschieden möchte, dann darf ich nicht ständig nur zurückschauen und einem Kirchenzustand von vor Dekaden hinterhertrauern. Das kostet nur Energie. Ich akzeptiere den Zustand, wie er ist, und schaue nach vorn in die Zukunft. Nur so kann ich in dieser noch gesund arbeiten und selbst aktiv etwas verändern.

Egal wie alt du bist, deine Wünsche und Visionen werden in der Kirche ernst genommen.

Wenn in der Kirche von »den Jüngeren« gesprochen wird, dann habe ich oft das Gefühl, dass damit alle unter 50 gemeint sind. Wer sich inwieweit für jung hält, ist jeder Person selbst überlassen, es geht mir in diesem Kapitel auch nicht darum zu sagen, warum »die Älteren« keine Ahnung haben und »die Jüngeren« es definitiv besser machen werden. Es geht um einen gemeinsamen Blick für die Zukunft Kirche, trotz unserer Unterschiede.

Meine Vision von Kirche ist eine, in der sich die Generation der Babyboomer-Jahrgänge ihrer Privilegien und ihrer Macht bewusst ist. Die Entscheidungsgewalt in der Kirche liegt aktuell in ihren Händen. Denn die Gemeindeleitungen, die Synoden und die Verwaltungsebenen der Landeskirchen werden von Personen aus der Babyboomer-Generation dominiert. Andere Stimmen, Erfahrungen und Meinungen haben dadurch viel weniger Raum.

Es ist die Aufgabe meiner und der nachfolgenden Generationen, in den kommenden 30 Jahren den kirchlichen Strukturwandel zu gestalten. Darum ist es notwendig, dass die verantwortlich Leitenden der nachfolgenden Generation schon jetzt mehr zutrauen. Es geht dabei nicht nur ums Anhören, sondern darum, Wünsche und neue Vorschläge der jüngeren Generationen auch mutig umzusetzen. Ich glaube, wir könnten generationsübergreifend gemeinsam, fruchtbar und divers Kirche gestalten – mit Offenheit für die vielfältigen und reichen Erfahrungen der Generationen vor uns und mit Offenheit gegenüber den Wünschen und Ideen, die meine Generation mitbringt. Nur dann ist Weitsicht in diesem Strukturwandel möglich, für den wir gemeinsam verantwortlich sind.

Also: Anstatt neue Ideen jahrelang kaputt zu diskutieren, lasst sie uns in Zukunft einfach mal mutig ausprobieren.

Ein Pionierprojekt in den sozialen Medien

Meine Job-Beschreibung lautet »Pfarrerin für Kirche im digitalen Raum«. Diesen Job gab es vorher nicht. Neben meiner klassischen Arbeit als Pfarrerin liegt der Schwerpunkt meiner Arbeit in den sozialen Medien, in denen ich als @ theresaliebt auf Instagram, YouTube, facebook und anderen sozialen Netzwerken zu finden bin. Als Pfarrerin können mir Menschen nicht nur vor Ort, sondern auch digital begegnen. Im ersten Jahr habe ich viel ausprobiert und mit einem Team im Kirchenkreis reflektiert. Neu war, dass mir bei den Aussagen und Themen in den sozialen Medien freie Hand gelassen wurde. Der Superintendent, sozusagen der kirchliche Bezirksbürgermeister meines Kirchenkreises Tempelhof-Schöneberg in Berlin, brachte mir das gleiche Vertrauen in meine theologischen Kompetenzen beim Erstellen meiner Videos und Posts entgegen wie bei meinen Predigten. Dafür bin ich sehr dankbar, denn ohne diese Einstellung hätte ich nicht so arbeiten können, wie ich es in den ersten Jahren als Digitalpfarrerin gemacht habe.

Diese »Probier einfach aus«-Einstellung war für mich ungewohnt, denn bis dahin war mir oft vermittelt worden, dass ich als Berufsanfängerin im Pfarramt trotz des Theologiestudiums, trotz der langjährigen Erfahrungen und trotz der praktischen Ausbildung doch noch zu wenig kompetent sei, um in der Kirche wirklich etwas zu verändern.

Gleichzeitig erlebe ich es immer wieder deutschlandweit, dass Pfarrpersonen für die ersten Amtsjahre auf Stellen gesetzt werden, die ein derart hohes Konfliktpotenzial innehaben, dass sich bewusst keine Pfarrperson mit langjähriger Berufserfahrung darauf beworben hat. Die Vergabe von Pfarrstellen zum Berufseinstieg funktioniert nämlich ähnlich wie die Vergabe von Referendariatsstellen: Sie werden von den Landeskirchen zentral zugewiesen.

Immer wieder frage ich mich: Wie wertschätzend geht die Kirche als Arbeitgeberin mit der jungen Generation um? Inwieweit wird in der Kirche bewusst auf Talente, Gaben und Kompetenzen geblickt? Geht es nur darum, Personallücken irgendwie zu schließen? Wir kommen als Kirche nur weiter, wenn wir nachhaltig gestalten, statt allein zu verwalten.

Ein Freund sagte mir einmal: »Als Pionierin machst du den Weg frei für andere, die nach dir kommen.« Das hat

mir dabei geholfen, nach vorn zu schauen und weiter voran-
zugehen. Leichter wäre es gewesen und auch konstruktiver,
hätten die Menschen, die viel Energie darauf verschwendet
haben, meine Arbeit als Digitalpfarrerin abzuwerten, konstruktiv mit mir gemeinsam überlegt, wie wir unsere Kirche
in Zukunft begleiten wollen. Der Dreh- und Angelpunkt
dabei bleibt die Akzeptanz, dass es die Generation nach uns
anders machen wird und dass das gut ist, weil sie unser
Erbe dann verwalten und zukunftsfähig machen kann.

Gottesdienste ohne Kirchenbank

Es gibt viele großartige Projekte von verschiedenen Gemeinden und unterschiedlichen Personen, die mir Mut
machen im Blick auf die Zukunft unserer Kirche.

Ein Beispiel, das ich selbst in verschiedenen Gemeinden ausprobiert habe und das die Generationenthematik
verdeutlicht, ist ein Jugendgottesdienstprojekt. Bei dem
Projekt geht es mir darum, die Wünsche der Jugendlichen zu begleiten und anzunehmen, nicht um kirchliche
Ansprüche an einen Gottesdienst. In der Umsetzung bedeutet das konkret, dass ich in einem ersten Schritt mit
den Jugendlichen ins Gespräch komme, was für sie überhaupt Gottesdienst ist. Je nach Gruppengröße und -dyna-
mik passiert das entweder auf einem großen gemeinsamen
Flipchart-Blatt oder eben anonymisiert auf einzelnen Zet-
teln. Digitale Tools wie ein Padlet sind hierfür auch sehr

gut geeignet, gerade auch für die Ergebnissicherung oder das Teilen von Dokumenten.

Die Fragen, die ich den Jugendlichen stelle, lauten: Was braucht ein Gottesdienst, damit er dir gefällt? Was magst du am Gottesdienst? Was magst du nicht? Was brauchst du, um dich in deiner Kirche im Gottesdienst wohlzufühlen?

Ob es nun die Liegestühle, Sofas, Sitzsäcke sind, verständlichere Sprache, andere Musik oder eine andere Uhrzeit – all das hängt von der Gruppe oder der Prägung der Jugendlichen ab. Ich persönlich verstehe mich dabei als Moderatorin – ich kommentiere nicht –; ich schreibe mit und bedanke mich bei den Jugendlichen für ihre Ehrlichkeit und Offenheit. Das ist in diesem Schritt besonders wichtig, weil Jugendliche und junge Erwachsene genau das in der Kirche oft vermissen – dass sie mit ihren Gedanken und Gefühlen ernst genommen werden. Dabei ist gerade der Glaube unmittelbar mit dem Gefühl des Angenommenseins verbunden – erst recht am jeweiligen Ort.

Das bedeutet nicht, dass ich zu dem Gesagten nicht Emotionen oder eigene Gedanken habe oder dass es mich nachdenklich macht, wenn ich mal wieder höre »bitte keine langweilige Predigt« und »bitte keine alte Musik«. Gleichzeitig erlebe ich diesen Schritt aber immer als enorm wertvoll, weil ich diese Gedanken nicht nur in Vorbereitung eines Jugendgottesdienstes, sondern immer auch in die nächste Vorbereitung eines »klassischen« Sonntags mitnehme.

In einem zweiten Schritt gehe ich mit den Jugendlichen den Ablauf eines klassischen Gottesdienstes oder der Andacht durch, wie sie in der jeweiligen Kirchengemeinde üblicherweise gefeiert wird. Ich bereite den Ablauf vor, erkläre, wenn es gebraucht wird, kirchengeschichtliche Hintergründe. Was bedeutet zum Beispiel Kyrie Eleison und was Epistel? Wir erarbeiten in Gruppen und gemeinsam, was wann im Gottesdienst dran ist und warum die einzelnen Teile so gefeiert werden.

Abschließend lasse ich die Jugendlichen radikal all die Bestandteile rausnehmen, die sie persönlich im Gottesdienst nicht brauchen oder die ihnen nichts geben. Ziel ist, dass sie in ihrem Gottesdienst nur das drin lassen, was für sie einen Gottesdienst ausmacht. Dieser Schritt fällt Beteiligten oft schwer – sie haben das Gefühl, dass sie so mit den alten Gottesdiensttraditionen doch nicht umgehen dürften. Doch ich finde diesen Schritt enorm hilfreich und heilend. Die Jugendlichen werden ernst genommen, sie dürfen konkret überlegen, was sie überhaupt brauchen, selbst wenn es »nur« ein Gebet ist. Gleichzeitig lerne ich als Pfarrerin, was die Jugendlichen für ihren Glauben und ihre Spiritualität brauchen. Wir lernen voneinander.

Meiner Erfahrung nach bleiben oft die Elemente Gebet, Segen und manchmal das Vaterunser erhalten. Eine Predigt wird oft durch eine Aktion anderer Art oder auch durch ein Gespräch mit allen Besuchenden ersetzt. Die Musik soll immer zeitgemäßer sein und mit verständlichen Texten. Oft fliegen bei dieser Form die unverständlichen Teile des Gottesdienstes raus, Kyrie, Gloria etc.

In einem nächsten Schritt geht es an die konkrete Umsetzung – dabei überlasse ich alles den Jugendlichen und gebe nur, wenn es gewünscht ist, Hilfestellung. Der Gottesdienst darf genau so gestaltet werden, wie sie ihn feiern wollen. Es geht dabei darum, der nächsten Generation ihren Raum für ihren Glauben zu geben und zu akzeptieren, dass ihre Art, Kirche zu erleben, Gemeinde zu sein oder Gottesdienst zu feiern, nicht die Art ist, die ihre Pfarrerin oder die Gemeinde präferieren.

Oft erlebe ich, dass die Jugendlichen das Gefühl haben, sie dürften bestimmte Elemente im Gottesdienst nicht sagen oder selbst übernehmen. Beispielsweise der Segen, der zum Abschluss eines Gottesdienstes gesprochen wird. Dieser wird als ein sehr wichtiges und persönliches Element im Gottesdienst wahrgenommen. Gleichzeitig glauben die Jugendlichen, er dürfte allein von einer Pfarrperson gesprochen werden, obwohl jede:r Christ:in segnen kann und darf. Ich ermuntere die Jugendlichen immer dazu, sich auszuprobieren, ihren Glauben so zu leben, wie sie es für richtig halten, und sich nicht gedanklich kleinmachen zu lassen.

Ein wichtiger Punkt der Umsetzung ist auch oft das Thema Musik: Wenn sich die Jugendlichen für den Gottesdienst Lieder aussuchen, die klassischerweise dort nicht gesungen werden, kommt oft das Argument, dass diese Lieder ja dann niemand in der Gemeinde kennen würde. Ich entgegne diesem Argument immer, dass die Jugendlichen an einem klassischen Sonntagmorgengottesdienst die Lieder auch nicht kennen würden, dass von ihnen aber erwartet würde, das regelmäßig im Gottesdienst zu akzeptieren. Umso wichtiger ist der Umkehrschluss.

Ich möchte ein Teil einer Kirche sein, die sich ernsthaft traut, die Wünsche und Ideen der folgenden Generationen umzusetzen. Vielleicht wirkt das Beispiel des Gottesdienstes klein im Gesamtsystem der Gemeinde oder Kirche. Es zeigt jedoch, wie schwer es an vielen Punkten ist, dass sich jüngere Generationen ernst genommen fühlen und wirklich einbringen können.

Ich gehöre mit Mitte 30 definitiv nicht mehr zu den Jugendlichen. Es geht nicht nur darum, dass die Boomer-Generation meine Generation ernst nimmt. Auch ich selbst muss die Generation nach mir ernst nehmen. Wenn ich nicht bereit bin, mich zu verändern, dann funktioniert das System nicht, sondern es fährt sich fest.

Deshalb wünsche ich mir von der Generation vor mir eine Kirche, in der Jugendliche beim Gemeindefest nicht nur eingeplant werden, um die Bierbänke zu tragen, sondern in der mit ihnen in entscheidenden Prozessen ins Gespräch und in die Gestaltung gegangen wird.

KAPITEL 2

MUT ZUM LOSLASSEN UND ABSCHIED

Von einem ehrlichen Blick auf die Austrittszahlen, Probemitgliedschaften und der Frage, was jetzt wirklich dran ist.

»Das haben wir schon immer so gemacht.«

Es ist Sonntagmorgen 8:00 Uhr, ich stehe auf dem Bahnhof und warte auf meine S-Bahn. Es ist still und ich bin weit und breit die einzige Person auf dem Bahnsteig. Ich fühle mich müde, aber die klirrend kalte Luft um mich herum macht mich wach. Gerade befinde ich mich auf dem Weg zum Gottesdienst, dem ersten von zweien heute. Mein erster Gottesdienst findet im Krankenhaus statt. Dort feiere ich immer mit etwa drei bis vier Personen. Der Gottesdienst danach findet dann in der Kirche statt, parallel zu einem weiteren Gottesdienst zur selben Zeit im selben Gemeindegebiet. Wenn es gut läuft, werden wir dort 12 bis 15 Personen sein, vermutlich eher zehn. Ich feiere Gottesdienste gerne – egal wie viele Personen teilnehmen. Weil ich viel Arbeit und Liebe hineingesteckt habe. Weil auch mich Gottesdienste im Glauben stärken. Und weil ich weiß, wie wichtig diese Termine in der Woche für die Personen sind.

Dennoch bin ich auch realistisch – wenn ich rein wirtschaftlich an die Sache herangehe und mir ausrechne, wie viele Arbeitsstunden ich für die jeweiligen Gottesdienste gebraucht habe, parallel zu der Pfarrperson, die für die anderen zehn Gottesdienstbesuchenden die gleichen Arbeitsstunden gebraucht hat, um die gleiche Veranstaltung nur zwei Kilometer weiter zu gestalten, dann frage ich mich: Warum machen wir das eigentlich so?

Wenn ich diese Frage stelle, dann höre ich immer wieder die gleiche Antwort:

Das haben wir schon immer so gemacht. Früher gab es sogar noch einen weiteren Gottesdienst an einem dritten Standort.

Und ich höre viel mehr Sätze zwischen den Zeilen, unausgesprochen:

Früher waren wir mehr, ich erinnere mich gerne daran.

Irgendwann wird es wieder so, wir müssen nur dranbleiben.

Viele Menschen haben in ihrem Leben schon mal einen Gottesdienst besucht, aus ganz unterschiedlichen Anlässen. Deshalb benutze ich ihn hier auch immer wieder als Beispiel. Ich weiß, dass der Sonntagmorgengottesdienst praktisch die heilige Kuh in der evangelischen und auch der katholischen Kirche ist. Eine Kuh, die so heilig ist, dass sie von niemandem angetastet werden darf. Doch die Kirchenmitgliedschaftsuntersuchung aus dem Jahr 2023, die KMU 6 zeigt: Nur noch 12 % der Protestant:innen und 15 % der Katholik:innen erachten den Gottesdienstbesuch als wichtig für das Christ:innensein – das zeigt, dass der Gottesdienst heute einen deutlich geringeren Stellenwert hat, als früher.[2] Blickt man auf den Satz »Das haben wir schon immer so gemacht«, stellt sich die Frage: Was heißt eigentlich »schon immer«?

Wenn ich auf die Kirche blicke, dann stelle ich fest, dass die Kirche »schon immer« im Wandel war und ist.

Bestimmte Dinge haben sich mit jeder Generation geändert, zum Teil noch schneller. Wenn wir beim Beispiel des Gottesdienstes bleiben, dann haben sich dort in den letzten Jahrzehnten immer wieder die vorgeschlagenen Bibeltexte und Lieder geändert. Neue, bisher unbekannte Texte kamen hinzu. Die sogenannte Perikopenordnung wurde in den letzten Jahrzehnten mehrfach überarbeitet, zuletzt erst 2018.[3] Auch in der katholischen Kirche wurde die sogenannte Leseordnung immer wieder reformiert. Außerdem sitzt aktuell eine Kommission zusammen, die Lieder für das neue Gesangbuch sichtet und heraussucht. Der Sonntagsgottesdienst ist für die meisten Menschen nicht mehr gesetzt: Nur noch 8 % der Katholik:innen und 3 % der Protestant:innen nehmen einmal pro Woche am Gottesdienst teil.[4]

Grundsätzlich kenne ich auch keine Gemeinde, die sich in den letzten 30 Jahren nicht verändert hat – sowohl was die Mitgliederzahlen als auch die Strukturen und Mitarbeitenden betrifft. Wenn ich zum Beispiel auf die Mitgliederzahlen einer Beispielgemeinde in meinem Berliner Kirchenkreis Tempelhof-Schöneberg schaue, dann hat sich diese Gemeinde in den letzten Jahrzehnten enorm gewandelt: In den 1980er-Jahren hatte diese Gemeinde gut 20.000 Gemeindemitglieder und sechs Pfarrstellen. 2007 hatte die Gemeinde noch etwa 9000 Gemeindemitglieder und drei Pfarrstellen. Im Jahr 2023, sogar nach einer Fusion mit einer anderen Gemeinde,

sind es noch 5500 Gemeindemitglieder und zwei Pfarrstellen.

Wir stecken in der Kirche mitten in verschiedenen
Abschiedsprozessen. Das ist jedoch kein neuer Zustand –
wir befinden uns darin schon seit einigen Jahrzehnten.
Dennoch wird an den unterschiedlichsten Stellen noch
immer an der Vergangenheit festgehalten, anstatt der Ge-
genwart ins Auge zu blicken. Das Bild, das dann vor dem
inneren Auge entsteht, stimmt mit der Realität in der
Kirche jedoch schon lange nicht mehr überein. Trotzdem
wird an diesem Bild der Kirche festgehalten.

Wenn wir den Strukturwandel in unserer Kirche sinnvoll gestalten wollen, dann müssen wir Veränderungen
radikal zulassen und akzeptieren. Konkret bedeutet das
auch, dass Abschiede akzeptiert und ernst genommen
werden müssen, auch wenn sie schmerzen. Wir können
diese Abschiede nicht weiter aufschieben, nur um den
Schmerz zu vermeiden – der Schmerz wird dadurch nicht
weniger werden. Wir müssen Übergänge begleiten und
nachhaltig agieren, statt nur zu reagieren.

»Das haben wir schon immer so gemacht« – wenn wir
diesen Satz weiterhin sagen, dann schaffen wir uns ab.
Weil wir nur auf das Vergangene blicken und nicht in die
Zukunft.

Wir fragen uns, wer wirklich unsere Zielgruppe ist, was diese Menschen brauchen und was wir realistisch anbieten können.

Kirche ist mehr als die Zahl ihrer Mitglieder

Machen wir uns nichts vor – die Kirchenaustrittszahlen haben mich als Pfarrerin immer geschmerzt. Auf irgendeine Art tun sie es auch noch immer, aber mittlerweile habe ich meinen Blickwinkel, mein Mindset und mein Amtsverständnis geändert.

2022 waren rund 19,1 Millionen Deutsche evangelisch, was wiederum einem Anteil von 22,7 Prozent an der Gesamtbevölkerung (84,4 Millionen Menschen) entspricht.[5] Erstmalig übertraf die Zahl der Kirchenaustritte die Zahl der Sterbefälle. In der katholischen Kirche sind 2022 so viele Menschen aus der Kirche ausgetreten wie noch nie innerhalb eines Jahres – es sind noch etwa 20,9 Millionen Menschen römisch-katholisch, das entspricht einem Bevölkerungsanteil von 24,8 Prozent.[6] Der Anteil der Kirchenmitglieder der evangelischen und katholischen Kirche in Deutschland ist unter die 50-Prozent-Marke gesunken. Und er wird weiter sinken.

Diese magische 50-Prozent-Hürde. Viele Jahre habe ich während meines Studiums und in meinen ersten

Amtsjahren als Pfarrerin immer wieder gehört, dass es kritisch wird, wenn diese Hürde einmal überschritten wird. Viele Jahre haben mir diese Zahlen deshalb Angst gemacht. Mittlerweile macht mir eher die Langsamkeit der Reaktion in unseren Gemeinden und Kirchen Sorgen. Denn dass viele Menschen aus der evangelischen und katholischen Kirche austreten, ist ja schon einige Jahre bekannt und durch eine Studie der Universität Freiburg 2019 prognostiziert: Bis 2060 ist im Vergleich zu 2017 mit einem Rückgang von rund der Hälfte aller Mitglieder in der evangelischen und der katholischen Kirche in Deutschland zu rechnen.[7] Und ich vermute, dass das noch eine optimistische Prognose ist.

Für mich ist mittlerweile klar – ich möchte mich von den Austrittszahlen nicht mehr ernüchtern lassen. Ich nehme sie an, erwarte keine großen Veränderungen, aber lasse mich von den Zahlen auch nicht mehr frustrieren, denn sie sind vorhersehbar.

Ich verstehe mich nicht als Verwalterin des Untergangs der Kirche, sondern als Wegbegleiterin einer Kirche, die sich verändert. So wie sie sich schon immer verändert hat.

Für mich ist Kirche nämlich viel mehr, als die Statistiken der Kirchenmitgliedschaft und die Zahl der Gottesdienstbesuche zeigen. Als Pfarrerin habe ich schon viele unterschiedliche Menschen getroffen: Menschen, die mit der Kirche stark verbunden sind, Menschen, für die der Glaube eine lebensbedeutende Rolle spielt, aber auch Menschen, die keinerlei Bezug (mehr) zum christlichen Glauben haben. Dabei ist mir über die Jahre und in den Begegnungen eine Sache immer wieder deutlich geworden: Glauben an eine Macht, die größer ist als der Mensch selbst, hat für viele eine Bedeutung. Wie die Menschen Glauben erleben und beschreiben, ist dabei allerdings sehr unterschiedlich. Blicken wir allein auf das Wort Gott – vier Buchstaben, die versuchen, etwas zu beschreiben, wofür es mehr als ein einzelnes Wort braucht. Deshalb benutzen Menschen schon immer unterschiedliche Begriffe, um das, woran sie glauben, zu beschreiben: Vater, Mutter, G*tt, Universum, Kraft oder auch Sinn. Menschen erfahren Gott auf unterschiedliche Art und Weise und vor allem nicht nur so, wie Gott jahrhundertelang in einer patriarchal strukturierten Kirche dargestellt wurde – Gott ist viel größer als die Bilder, die von Gott erschaffen wurden. Oft auch ganz anders als die bekannten Bilder.

Glaube und Spiritualität haben dabei auch immer etwas mit Neugierde zu tun, und diese erlebe ich auch auf Social Media. Dort bin ich mit vielen Menschen in Kontakt: Kirchenmitglieder, Menschen, die aus der Kirche ausgetreten sind, mit dem Glauben Verbundene und auch Menschen, die keinen Fuß in ein Kirchgebäude setzen würden. Sie haben für ihre kritische Haltung zur Kirche und Kirchenmitgliedschaft unterschiedliche Gründe: die Kirchensteuer, den sexuellen und spirituellen Missbrauch in der katholischen und evangelischen Kirche, eigene persönliche verletzende Erfahrungen – seitens der Kirche als Arbeitgeberin oder von Geistlichen. Manche fühlen sich auch von der Kirche oder Gott alleingelassen. Einige haben mit der Kirche komplett gebrochen und wollen auch mit dem Glauben nichts mehr zu tun haben. Andere fühlen sich trotz des Kirchenaustritts noch immer Gott verbunden und als Gläubige. Aber oft fühlen sie sich nicht mehr willkommen.

Was im Austausch mit den unterschiedlichen Personen immer wieder deutlich wird: Die Tatsache, dass sie aus der Kirche ausgetreten sind, bedeutet nicht automatisch, dass sie auch nicht mehr an Gott glauben und kein Interesse mehr an Glaubensfragen haben. Wie groß das Interesse ist, merke ich als Digitalpfarrerin. Digital können mir alle Menschen Fragen stellen. Sie können Ängste äußern und es entwickeln sich auch immer wieder Seelsorgegespräche. All das ist für mich christliche Gemeinschaft und Kirche, nicht nur der Gottesdienst am Sonntagvormittag. Denn die Kirche hat sich schon seit Jahren immer wieder verändert und wird es auch weiterhin tun.

Die Frage ist doch: Wie können wir als Gemeinden und als Kirche einladend sein, wenn wir uns »nur« um die kümmern, die noch da sind? Oder um die, die »immer« kommen? Was ist eigentlich mit den Menschen, die noch Kirchenmitglieder sind, aber nichts in Anspruch nehmen und sich teilweise nicht mal mehr kirchlich bestatten lassen?

Dass 2022 nicht mal mehr die Hälfte aller Menschen in Deutschland Mitglied einer der beiden großen Kirchen war, lässt eine Sache außer Acht – es gibt weit mehr getaufte Menschen in Deutschland als Kirchenmitglieder. Die Taufe bleibt gültig, auch wenn man aus der Kirche ausgetreten ist. In unserer aktuellen Form der Mitgliedschaft in Deutschland haben wir die getauften ausgetretenen Personen nicht im Blick. Dabei ist die Taufe das Sakrament und Zeichen der Verbundenheit mit Jesus Christus (vgl. Matthäus 28,18–20) – nicht die Kirchenmitgliedschaft.

Und gerade in diesem Zusammenhang habe ich die Vision von einer Veränderung der Kirchenmitgliedschaft. Es gibt eine wachsende Zahl kirchenferner Menschen, die getauft sind, und gleichzeitig gibt es auch eine wachsende Zahl kirchennaher Menschen, die nicht getauft sind, beispielsweise Mitarbeitende in kirchlichen Einrichtungen. Gleichzeitig gibt es aktuell keine andere Möglichkeit, Kirchenmitglied zu werden, als durch die Taufe. Für einige Menschen ist dieses Sakrament jedoch eine sehr hohe Hürde oder ist ein Resultat aus der Beschäftigung mit und im christlichen Glauben. Somit stellt sich die Frage, ob es nicht auch eine Kirchenmitgliedschaft geben sollte, die nicht allein durch die Taufe gegründet wird.

Vielleicht braucht es unterschiedliche Formate der Mitgliedschaft: aktive und passive, Mitgliedschaft ohne Kirchensteuerpflicht, für Berufseinsteiger:innen, einen Pausen-

modus, der die Es-ist-gerade-eine-komplizierte-Zeit über-
brücken könnte, oder andere Modelle, die zu den lebens-
spezifischen Situationen passen. Vielleicht sollten wir uns
mit den Mitgliedschaften an den Vereinsformen orientieren, in denen es Förder-, Jugend-, Probe- und Gastmit-
gliedschaften gibt. Vielleicht brauchen wir das auch nicht
überall sofort umzusetzen, sondern könnten zunächst nur
einigen Gemeinden diesen Freiraum geben.

All diese Überlegungen brauchen gute Konzepte.
Dennoch bleibt: Wir brauchen Formate der Kirchenmitgliedschaft, die sich mit der kirchlichen Realität auseinandersetzen.

Design-Thinking für die Kirche: die NABC-Methode

Ich habe die Vision einer Kirche, die als Institution be-
weglicher, weniger ängstlich und ehrlicher auf die ak-
tuelle Situation, die Entwicklungen und die Menschen
blickt. Dafür müssen die Kirchen- und Gemeindeleitenden ehrlich hinterfragen: Was ist (an meinem Ort) dran?
Was davon lässt sich realistischerweise (noch) umsetzen,
völlig unabhängig von dem, wie es schon immer war?

Mit Blick auf die Leitungsgremien in der evangelischen Kirche, die Kirchenvorstände, Gemeindekirchen-
räte oder verschiedenen Synoden kommt noch ein wei-
terer wichtiger Punkt dazu: Die Kirche wird nicht von

Einzelpersonen geleitet, sondern von gewählten Personen aus den Kirchengemeinden. Wir kommen nur voran, wenn wir gemeinsam solidarisch denken, planen und handeln. Konkret bedeutet das: Bei aller Planung sollte nicht nur das Hier und Jetzt, sondern auch die Zukunft der Gemeinde, des Orts und der Institution und Organisation Kirche bedacht werden.

Bei meinen Social-Media-Projekten arbeite ich seit einiger Zeit nach dem NABC-Ansatz[8], der auch sehr gut auf Projekte in der Kirche und auf die Arbeit in der Gemeinde angewendet werden kann. Hierbei handelt es sich um eine Methode aus dem Design-Thinking-Prozess, die am Stanford Research Institute für die Geschäftswelt entwickelt wurde. Ein Projekt wird dabei von vier verschiedenen Perspektiven aus betrachtet: *Needs* (Bedarf), *Approach* (Ansatz), *Benefit* (Nutzen) und *Competition* (Wettbewerb) oder auch *USP* (Unique Selling Point, Alleinstellungsmerkmal).

1. Needs (Bedarf):
Was brauchen die Menschen wirklich?

Im ersten Schritt blickt man in einer Außenperspektive auf den Bedarf der Menschen. Einer der wichtigsten Punkte ist dabei immer die Frage nach der Zielgruppe. In der Kirche wird diese oft vergessen, weil davon ausgegangen wird, dass unsere Angebote »für alle« gestaltet sind.

Doch es gibt einen signifikanten Unterschied zwischen »für alle offen« und »für alle gestaltet«: Es ist die Frage nach der Zielgruppe. Für welche Zielgruppe sind unsere Kirchenangebote wirklich gestaltet?

Wenn wir Angebote nicht zielgruppenspezifischer auf die Menschen ausrichten, die wir vermissen oder die uns brauchen – und zwar auf allen Ebenen –, dann finden sie zukünftig auch keinen Anklang.

Um es am Beispiel Gottesdienst zu erklären: Warum sitzen in den allermeisten Gottesdiensten kaum Familien mit kleinen Kindern, Menschen mit Migrationshintergrund oder junge Berufsschüler:innen? Wenn wir uns die Angebote in den meisten klassischen Gemeinden anschauen, so bedienen wir dort aktuell vor allem ein Stammmilieu: den bildungsbürgerlichen Kulturprotestantismus. Es beginnt bei typischen kirchenmusikalischen Veranstaltungen und geht über unser Gesangbuch, die Sprache, Vokabeln bis zu den Voraussetzungen in unseren Gemeinden, auf unseren Synoden, in unseren Gottesdiensten. Menschen, die gern Bücher lesen, Kantaten von Bach hören und kunstvoll bunte Kirchenfenster betrachten, fühlen sich von den Angeboten einer Kirchengemeinde stärker angesprochen als andere.

Auch wenn ich damit aufgewachsen bin und all das verinnerlicht habe – vieles davon, was institutionalisierte Kirche bedeutet und was im Gottesdienst eigentlich passiert, habe ich erst im Studium und Vikariat wirklich verstanden. Vieles, was mir anfangs als Arbeiter:innenkind fremd war, hat mich auch nicht durch den oft genannten »Zauber der Fremdheit« angezogen. Die Sprache war mir fremd, und das hat mich nicht fasziniert, sondern mir das Gefühl gegeben, ich würde nicht dazugehören. Das Lied »das wir doch alle auswendig kennen« war mir oft nicht bekannt. Damals habe ich Methoden entwickelt, damit ich nicht auffalle. Ich hielt den Kopf gesenkt, bewegte den Mund bei den »bekannten« Liedern mit, ohne dass ich wusste, wie der Text war, und versuchte, so leise und unhektisch wie möglich im Gesangbuch zu blättern. Ich beobachtete oft, was die Menschen vor mir taten, und versuchte, mich daran zu orientieren. Aber vor allem habe ich versucht, solche Situationen zu meiden. Ich habe mich ausgeschlossen gefühlt, fehl am Platz oder fremd und vor allem – nicht willkommen. Vieles im »klassischen« Gottesdienst hat mich auch einfach nicht berührt, und ich habe mich weite Strecken oft gelangweilt.

Ich weiß, wie viel Herzblut in vielen dieser Veranstaltungen steckt, und sie sind auch nicht per se schlecht. Ich muss auch nicht die Adressatin eines jeden Angebots in der Gemeinde sein. Es gibt allerdings zu viele ähnliche Veranstaltungen mit der gleichen Zielgruppe und wenig wirkliche Alternativen in unseren Kirchen für andere Zielgruppen.

Die übrigen Personen, die von Bach und Kirchenarchitektur nicht angesprochen werden, kommen nicht automatisch zu uns in die Kirchen, um Antworten zu finden oder Gemeinschaft zu erleben. Das ist eine schmerzliche Tatsache, dennoch kann sie auch heilsam sein, wenn wir sie ernst nehmen.

Ich bin überzeugt davon, dass die Kirche diesen Gedanken zulassen muss, um sich weiterentwickeln zu können. Doch dafür müsste sie und hauptsächlich die Gemeinden weniger milieuverengt denken.

Die wichtigsten Fragen sind also:

Wer ist unsere Zielgruppe (an diesem speziellen Ort)?

Was brauchen die Menschen hier vor Ort?

Was sind die Bedürfnisse, Herausforderungen, Wünsche, Chancen und Sorgen unserer Zielgruppe?

Wovon können wir uns verabschieden, weil es unsere Zielgruppe nicht anspricht?

Nützlich hierfür ist der Blick auf die tatsächliche Lebenswelt und die Lebensverhältnisse der Menschen, die in unserer Gemeinde leben, beispielsweise durch Milieustudien oder auch sogenannte Sozialraumanalysen. Wer lebt eigentlich in unserem Stadtteil oder Ort? Sind es viele Alleinerziehende, bei denen das Geld knapp ist, viele Studierende oder viele Wohlhabende mit teuren Eigentumswohnungen?

Wichtig ist dabei, diese Lebenswelt nicht zu bewerten, sondern zu würdigen. Dabei hilft auch der Kontakt mit den Menschen, die im Gebiet wohnen, mit Zugezogenen,

Vereinen, Schulen, Kitas, aus der Kirche ausgetretenen Personen. Auch die Verwaltung oder das Bezirksamt sind dabei wichtige Anlaufstellen. Letztendlich geht es um eine Weitung des Blickfelds, nicht nur auf die Kirchenmitglieder, sondern hin zu den Menschen, Glaubenden oder Getauften. Auch die sechste Kirchenmitgliedschaftsuntersuchung (KMU VI) kann hierfür sehr hilfreich sein.

Wichtig hierbei ist aber auch eine radikale Ehrlichkeit im Blick auf die Fragen nach den vorhandenen Ressourcen wie Personal oder finanzielle Mittel:

Was ist realistisch im Blick auf unser Personal?

Auf was können wir verzichten, damit wir mehr Freiräume für Neues haben?

Welche Dinge werden seit Jahren unhinterfragt gemacht oder wurden übernommen?

Inwieweit passen diese noch zu unserem Ort oder unserer Zielgruppe?

Welche finanziellen Mittel stehen uns zur Verfügung?

Auf den traditionellen Gottesdienst am Sonntagmorgen übertragen kann das bedeuten: Wie viel Kraft, Zeit und Geld kostet eigentlich die Feier unserer traditionellen Gottesdienste am Sonntagmorgen? Und wie groß ist der Anteil der Gemeindemitglieder und der Menschen bei uns vor Ort, die sich davon angesprochen fühlen?

2. Approach (Ansatz): Wie reagieren wir auf die Bedürfnisse der Menschen?

Ein nächster Schritt der NABC-Methode ist der Blick auf den eigenen Ansatz, das eigene Vorgehen oder auch der eigene Zugang – sozusagen die Innenperspektive.

Was ist unser Lösungsansatz?

Was ist unsere neue Projektidee?

Wie wollen wir vorgehen?

Unmittelbar damit zusammen hängen auch Fragen nach dem Kirchen- oder Gemeindeprofil:

Wer sind wir als Gemeinde und Kirche?

Wofür stehen wir?

Was wollen und können wir anbieten?

Wie können wir auf die Bedürfnisse unserer Zielgruppe eingehen bzw. wie gestaltet sich unser Ansatz?

In diesem Schritt geht es darum zu überlegen, was ein Ansatz sein könnte, um den Bedürfnissen der eigenen Zielgruppen jeweils vor Ort, also im Stadtteil oder Dorf, gerecht zu werden. Es geht dabei vor allem darum, neue Dinge auszuprobieren und mutig zu sein.

Wenn beispielsweise im Blick auf die Sozialraumanalyse oder den Prognoseraum und die Zielgruppe klar wird, dass sich unser Ort innerhalb der kommenden Jahre mit Blick auf die Altersstrukturen stark verändern wird und viele Familien hier leben und weitere zuziehen werden, dann sollte ein Projekt entwickelt werden, das sich an diesen Familien ausrichtet. Vielleicht ein Eltern(zeit)-Chor[9] vormittags, ein Winterspielplatz in der Kirche, der Ausbau der Kita oder Angebote, um mit der familiären Überforderung oder dem Mental Load nicht alleine zu bleiben.

An einem Ort mit einem hohen Anteil an Studierenden oder jungen Erwachsenen in der Ausbildung muss bedacht werden, wie lange sie tatsächlich vor Ort bleiben. Es muss projekthaft geplant werden, und die Gemeinde könnte Themen wie Einsamkeit, Leistungsdruck oder Start ins Berufsleben aufnehmen. Oft erlebe ich, dass Gemeinden die jungen Erwachsenen in ihrem Familienangebot mitmeinen. Die Zielgruppe der Erwachsenen, die alleinstehend sind oder keine Kinder haben oder wollen, wird dabei allerdings oft nur mitgemeint, aber nicht ernsthaft mitbedacht und darf nicht vergessen werden.

An einem Ort, an dem viele einkommensschwache Menschen leben, gibt es viel, was beachtet werden muss und ein hohes Maß an Sensibilität braucht: Armut ist mit Scham und Dauerstress verbunden, mit Betreuungsnotständen von Kindern und zu wenig (finanzieller) Unterstützung. Angebote können eine Lebensmittelausgabestelle wie die Tafel sein, die Organisation eines Flohmarkts oder Kleidertauschs, Kinderprogramm zum Spielen am Wochenende mit einem Essensangebot zum Mittag oder auch der Möglichkeit, dass Kinder einen professionellen Haarschnitt bekommen können. Auch Segensfeste an wichtigen Lebensabschnitten können den Menschen helfen: Viele können sich eine Hochzeitsfeier oder auch eine Feier zur Einschulung nicht leisten. Als Gemeinde kann man am Einschulungswochenende ein Segensfest feiern, mit verschiedenen Spiel- und Spaßangeboten für die Kinder, Kaffee und Kuchen für die Familie, einer Hüpfburg, einer Fotobox oder Ähnlichem.

Wichtig bleibt immer – der Kontakt zu den Menschen vor Ort und die Recherche, was an dem Ort dran ist.

Bei der Frage nach dem Ansatz und der eigenen Rolle ist dabei gerade mit Blick auf die Kirche noch ein Punkt besonders wichtig:

Was machen die anderen Gemeinden in der Region?

Konkret bedeutet das: Wir müssen uns noch mehr für Regionalisierung und Zusammenarbeit mit anderen Gemeinden öffnen. Nach über zwanzig Jahren Arbeit in der evangelischen Kirche als Ehrenamtliche, Angestellte und Hauptamtliche und unzählbaren Sitzungen weiß ich, dass das Thema der Regionalisierung oft ein sehr angstbesetztes Thema ist. Viele Jahre wurde in Kirchgemeinden so gearbeitet, dass alle Zielgruppen abgedeckt werden sollten, selbst wenn 500 Meter weiter in der nächsten Gemeinde die gleichen Angebote stattfanden.

Ich habe die Vision von einer Kirche, die den aktuellen gesellschaftlichen Wandel ernst nimmt. Dieser Wandel wird in den kommenden Jahren stark vom Fachkräftemangel bestimmt sein. Dieser betrifft auch die Kirche als Arbeitgeberin und sogar die Suche nach Ehrenamtlichen. Es wird in Zukunft nicht nur weniger Pfarrpersonen, Gemeindepädagog:innen und Kirchenmusiker:innen geben, sondern auch weniger Ehrenamtliche. Wir haben schon rein personell nicht mehr die Möglichkeit, alles an allen Orten anzubieten. Statt gegeneinander zu arbeiten oder die Angst vor Verlust oder Veränderung regieren zu lassen, sollten wir uns zusammentun und den Weg gemeinsam gehen.

3. Benefit (Nutzen): Was bringt unser Angebot den Menschen und was bringt es der Kirche?

Mit den ersten beiden Punkten hängt auch unmittelbar der Blick auf den Nutzen zusammen. Wenn wir den NABC-Ansatz auf Kirche und Gemeinde beziehen, hängt dieser oft mit dem Thema Veränderung und Abschied zusammen. Auf dem Weg in die Zukunft muss immer gefragt werden:

Was sind die positiven Ergebnisse und der Nutzen unseres Ansatzes?

Sowohl für uns als auch für unsere Zielgruppe?

Was sind die Vorteile?

Was haben wir davon?

Was ist deutlich besser als bei bestehenden Ansätzen?

Was ist der qualitative und quantitative Wert unseres Ansatzes oder unserer Lösung?

Diese Fragen – und eine ehrliche Auseinandersetzung damit – sind oft auch ein Prozess, an den wir uns in der Kirche oder Gemeinde nicht heranwagen, da unsere heutigen Gemeindestrukturen zum Teil schon mehrere Jahrzehnte alt sind und wir uns lange Zeit nicht damit auseinandersetzen mussten, uns qualitativ und quantitativ selbst zu bewerten oder auch bewerten zu lassen.

Aus diesem Grund passiert es in Gemeinden immer wieder, dass scheinbar neue Ideen ausprobiert werden, die insgeheim eigentlich doch das Alte erhalten wollen und zum Beispiel das versteckte Ziel haben, die Kirchenbänke des traditionellen Sonntagmorgengottesdienstes wieder zu füllen. Ein gutes Beispiel dafür ist der Familiengottesdienst. Gemeinden haben dafür unterschiedliche und auch großartige Konzepte. Ich habe es jedoch schon oft erlebt, dass ein Gottesdienst als Familiengottesdienst funktionieren sollte, in dem lediglich die Liturgie in etwas moderneren Varianten gespielt wurde – ein Kompromiss, weil man sich von dem klassischen Gottesdienstablauf nicht trennen wollte. In einem anderen Gottesdienst kamen zwar punktuell Mitmachlieder vor, von den Kindern und Familien wurde jedoch erwartet, dass sie den größten Teil des Gottesdienstes stillsitzen und zuhören sollten. Wenn ein Gottesdienst wirklich für Familien gestaltet wird, dann sollte das Gottesdienstteam vor Augen haben, was Kinder, besonders auch Kleinkinder und ihre Eltern, brauchen: Bewegungsfreiraum, Aktionen zum Mitmachen, die Möglichkeit, laut sein zu können, Raum zum Spielen und vor allem – nicht das Gefühl, dass sie stören. Das bedeutet, dass man sich klar von bestimmten Elementen im Gottesdienst verabschiedet, um qualitativ ein gutes Ergebnis zu haben. Immer mit Blick auf die Zielgruppe.

Die Spirale der immer wiederkehrenden Abschiedsprozesse oder auch das Nicht-loslassen-Können muss durchbrochen werden. Ernsthafte Veränderung bedeutet auch Abschied. Neuorientierung hängt immer mit Loslassen zusammen. Und konsequente Abschiedsprozesse bedeuten auch immer, dass manche Menschen den Weg nicht mitgehen können. Oft sind das dann auch diejenigen, die besonders laut sind oder in der Zusammenarbeit besonders viel Kraft ziehen. Die Frage, die hierbei aber immer hilft und gestellt werden kann:

Ist diese Person meine Zielgruppe?

Wie viel Energie gibt man dann dieser Person?

Was ist für uns als Team realistisch und schaffbar?

Gerade die letzte Frage halte ich für besonders wichtig. Sie impliziert einerseits den Blick auf die vorhandenen Mitarbeitenden, auch auf Stellenstreichungen, aber auch auf Ehrenamtliche oder den eventuellen Mangel an Freiwilligen, die helfen können. Sie beinhaltet aber auch den Blick darauf, welcher Kampf aktuell gekämpft werden kann. Manchmal stoßen die besten Ideen in einer Gemeinde auf große Widerstände. Dann ist es wichtig zu fragen: Ist genügend Kraft da, um diese neue Idee trotzdem umzusetzen? Auch das ist eine wichtige Einsicht, weil es letztendlich keiner Person hilft, wenn Ehrenamtliche, Mitarbeitende und Pfarrpersonen am Ende eines Prozesses völlig ausgebrannt sind.

Ich habe die Vision einer Kirche, die ehrlich zu sich selbst ist, den gesellschaftlichen Wandel klar vor Augen hat, sich dessen bewusst ist, dass sie kleiner und anders wird, und ernsthaft fragt:

Welchen Bedürfnissen werden wir gerecht?

Welche Bedürfnisse erfüllen wir nicht?

Welche Bedürfnisse möchten oder können wir auch in Zukunft nicht erfüllen?

4. Competition (Wettbewerb) oder auch USP (Alleinstellungsmerkmal): Was macht unser Angebot einzigartig?

In der Kirche denken wir selten wie in einem Wirtschaftsunternehmen. Grundsätzlich ist das auch wichtig, da wir hauptsächlich gemeinnützige Aufgaben übernehmen. Dennoch kann es uns an einigen Punkten sehr helfen, wirtschaftlicher zu denken, und an anderen Punkten ist es sogar geboten. Wenn wir also auf eine neue Idee oder einen Lösungsansatz schauen, dann sollten wir auch das Kosten-Nutzen-Verhältnis mitbedenken. Es geht also einerseits um die Frage, was an unserem Projekt oder Lösungsansatz das Alleinstellungsmerkmal ist. Gleichzeitig geht es aber auch um die Gedanken, wie unser Angebot in die Region, die regionale Zusammenarbeit oder den Fusionsprozess passt.

Stellen wir uns also ehrlich die Fragen:

Was können wir in unseren Gemeinden Neues/Einzigartiges anbieten?

Warum passt diese Idee zu unserer Zielgruppe?

Was macht unsere Gemeinde/Kirche einzigartig?

Warum sollte man sich für unsere Gemeinde/Kirche entscheiden?

Welche Risiken hat unser Ansatz?

In was für Projekte könnten wir beispielsweise unsere Kraft, unsere Zeit und unser Geld investieren, wenn wir sie nicht mehr in die wöchentliche Feier eines traditionellen Gottesdienstes am Sonntagmorgen, der genau so in identischer Art und Weise wenige Meter weiter gefeiert wird, investieren, sondern stattdessen in neue, individuelle Angebote, die auf unsere Zielgruppe zugeschnitten sind?

Gerade der Blick auf die Risiken ist dabei wichtig – sowohl in Bezug auf die vorhandenen Ressourcen als auch auf die Zukunft:

Was bringt es der Gemeinde/dem Ort/der Kirche für die Zukunft, wenn wir diese Entscheidung jetzt treffen?

Ich habe die Vision von einer Kirche, in der die Mitarbeitenden – egal auf welcher Ebene – solidarisch in die Zukunft denken, sie planen und darüber entscheiden.

Abschließend lässt sich sagen: All diese Gedanken und Prozesse brauchen Mut. Mut zur Umsetzung, Mut, Menschen auch vor den Kopf zu stoßen, Mut zum Neinsagen, Mut, alte Zöpfe abzuschneiden, Mut, Neues auszuprobieren, Mut, loszulassen auch mit der Option, dass etwas scheitert. Kein einziges Projekt, kein Gemeindekreis und keine Veranstaltung in unserer Gemeinde oder am jeweiligen Ort sollte auf Dauer festgesetzt sein und unhinterfragt für immer weitergeführt werden. Ein grundsätzliches projekthaftes Denken und Planen tut jeder Veranstaltung gut, eine regelmäßige Hinterfragung und Überprüfung auf Relevanz auch. Ich wünsche mir eine Kirche, in der wir einerseits mutig losgehen und andererseits ehrlich und gnädig scheitern dürfen – denn das ist der Kern unsres Glaubens.

KAPITEL 3

MUT ZUM NEINSAGEN, LOSLASSEN UND DURCHATMEN

―――――――――

*Von Überlastungsstolz, der Kirche
als Role Model und Sabbaticals
für Kirchengemeinden.*

»Sie haben sich einen Tag krankschreiben lassen, weil Sie überlastet waren? Dann müssen Sie sich an den Beruf aber noch gewöhnen – im Pfarramt arbeitet man so.«

Ich stehe auf und mir ist schwindelig. Die Nacht ist gerade vorbei, ich möchte aufstehen und in den Arbeitstag starten, doch ich merke, dass mein Körper diesen Tag nicht schaffen wird. Meine Kräfte sind praktisch nicht mehr vorhanden. Die letzten Tage waren zu anstrengend, die Wochen, der Monat. Die Arbeit war zu viel, meine Reserven sind alle. Ich kenne solche Tage noch aus dem Studium. Ich weiß auch, dass ich an solchen Tagen oft genug nicht auf meinen Körper gehört habe, dass ich trotzdem aufgestanden bin und weitergemacht habe. Dieses Es-muss-weitergehen-egal-wie-es-dir-Geht war eingebrannt in mein Unterbewusstsein.

Zu oft habe ich weitergemacht. Deshalb weiß ich mittlerweile auch, dass es lange braucht, sich davon wieder zu erholen, wenn man immer wieder die Signale des eigenen Körpers ignoriert und über den Kipppunkt hinaus arbeitet. Bis dahin, dass dann irgendwann nichts mehr geht. Weil der Körper irgendwann der Seele zeigt, dass es auf Dauer nur ein Miteinander, aber kein Gegeneinander gibt.

An diesem Morgen, an dem mein Körper klar sagt, dass es zu viel war, und eine Pause braucht, bin ich mitten im Vikariat, mitten in einer Seminarwoche. Ich höre auf meinen Körper und auf meine Seele, gehe zu meiner Hausärztin und lasse mich für den Tag krankschreiben. Die Zeit brauche ich, damit ich die nächsten Tage und Wochen weiterarbeiten kann.

Am nächsten Tag gehe ich zu der Leitungsperson, die die Kurswoche leitet. Ich berichte wahrheitsgetreu von meiner Krankschreibung, dass ich am Ende meiner Kräfte war, überlastet und den Tag gestern nicht geschafft hätte.

Die Antwort, die kommt, trifft mich: »Sie waren überlastet? Dann müssen Sie sich an den Beruf aber noch gewöhnen. Im Pfarramt arbeitet man so.«

Ich höre den Satz und bin ganz starr vor Schreck. Unterbewusst hatte ich vermutlich nicht mal auf Verständnis, aber auf Akzeptanz oder Duldung gehofft. Dafür, dass ich als erwachsene selbstständige Person eine Entscheidung getroffen habe, die für meine Gesundheit richtig war.

Was mich in dem Moment aber vor allem so erschreckt, ist, dass ich mich so offen gezeigt habe. Ich habe das Gefühl, ich hätte mich angreifbar gemacht, mich so verhalten, wie ich mich in der Ausbildung zur Pfarrerin offenbar nicht verhalten darf. Durch meinen Kopf rattern tausend Fragen:

Habe ich mich jetzt disqualifiziert?

Bekomme ich jetzt keinen guten Abschlussbericht?

Passe ich vielleicht nicht in diesen Beruf, wenn ich so nicht arbeiten will – oder kann?

Will ich in einer Kirche arbeiten, in der es offenbar normal sein soll, dass man immerzu über seine Kräfte hinaus arbeitet?

Mittlerweile arbeite ich einige Jahre in meinem Beruf als Pfarrerin und liebe meine Arbeit. Dennoch ist mir klar – mein Beruf ist nicht alles. Ich pendle zwischen Erwerbs- und Care-Arbeit, also der Zeit, in der ich mich um meine Familie oder meine Kinder kümmere, und dazu kommt noch Zeit, die ich für mich brauche, für meine Regeneration und meine Freizeit. In all dem ist für mich klar, dass meine Familie immer vor meiner Arbeit als Pfarrerin steht. Das bedeutet nicht, dass ich fahrlässig Termine absage, unzuverlässig bin oder schlecht organisiert, sondern es bedeutet, dass ich meine Woche sehr bewusst mit Blick auf meine Familie organisiere – meine Kinder brauchen mich und ich möchte ihre Kindheit miterleben. Meine Arbeitszeit soll nicht nur familienbewusst, sondern familienfreundlich sein. Klar ist, dass sich das immer auch am Alter der Kinder orientiert und an den Umgebungsvoraussetzungen. Dennoch wünsche ich mir, dass meine Kinder von mir kein krankhaftes Arbeitsbild mit auf ihren Lebensweg bekommen. Ich wünsche mir, dass sie von meinem Umgang mit der Arbeit lernen, dass Arbeit etwas Wertvolles und Würdevolles ist, etwas, das Spaß macht. Auch dass Arbeiten anstrengend sein kann und dass es Aufgaben gibt, über die man sich sehr ärgert oder die man nicht gerne macht. Dennoch möchte ich ihnen nicht mit auf den Weg geben, dass mich die Arbeit regelmäßig an den Rand meiner Kräfte bringt oder gar viel zu oft von meiner Familie fernhält.

Es gibt Wochen, die sind arbeitsintensiv, es gibt manchmal 14 Tage am Stück, in denen keine Zeit ist für einen freien Tag. Dennoch habe ich gelernt, dass es danach Regenerationstage braucht, außerdem klare Methoden zur Abgrenzung, ganz konkret – das Neinsagen.

All das war nicht Teil meiner Ausbildung – ich habe es mir selbst erarbeitet, weil es in unserer Kirche noch ein unausgesprochenes Arbeitsethos gibt – den Überlastungsstolz. Die unausgesprochene Devise dahinter: Je mehr man arbeitet, umso stolzer kann man sein. Je fertiger man von zu vielen Aufgaben oder der 80-Stunden-Woche ist, umso mehr kann man auch prahlen. Der Überlastungsstolz ist auf allen Ebenen zu finden, sowohl bei den Hauptamtlichen als auch bei den Ehrenamtlichen und Freiwilligen, bei Kirchenmusiker:innen ebenso wie bei Diakon:innen, Gemeindepädagog:innen oder im Kirchenvorstand. Er hängt eng mit der Wir-leben-um-zu-arbeiten-Einstellung zusammen. Sätze, die lange Zeit das Arbeitsleben dominiert haben.

Vor diesem Hintergrund ist es für mich auch verständlich, dass mir eine Person, die mich ausbildet und Jahrzehnte so gearbeitet hat, der Meinung ist, dass Überlastung zum Beruf einfach dazugehört und eben stillschweigend zu ertragen ist. Auch in anderen Berufen hat die Babyboomer-Generation mit ihrem Arbeitsethos das Erschöpfungssyndrom Burn-out geprägt.[10] Für viele Babyboomer:innen, egal ob Verkäufer:in, Sozialarbeiter:in oder Lehrer:in, gilt und galt zum Teil bis heute: »Nur wer viel leistet, ist etwas wert.« Das hat zur Folge, dass ein großer Teil der Menschen aus dieser Generation in Frührente und Frühpension ging und gehen wird, viele aufgrund psychischer Erkrankungen.[11]

Doch wäre ich heute noch mal in der Situation von damals und würde diesen Satz hören, dann würde ich nicht an mir zweifeln, sondern konkret diese Frage stellen: Wenn ich die Generation Burn-out vor mir sehe mit dem dazugehörigen Erschöpfungsstolz, warum sollte ich meinen Beruf als Pfarrerin und die Kirche genauso gestalten wie die Generation vor mir?

Ruhepausen sind wichtig. Sie gehören in der Kirche dazu.

Unsere Kräfte sind begrenzt – ein ehrlicher Blick

Die Arbeit in der Kirche hört niemals auf. Wir stecken mitten in mehreren kirchlichen Strukturwandeln. Der Start der Ruhestandswelle der Babyboomer-Generation und der damit zusammenhängende Fachkräftemangel wird uns auch in der Kirche treffen – er tut es aktuell schon. Zusätzlich verändern auch die Kirchenaustrittszahlen unsere Gemeinden, Arbeitsprozesse, Finanzen und Personalsituationen.

Die Arbeit in der Kirche hört niemals auf. Aber unsere Kraftreserven sind endlich. Deshalb brauchen wir einen neuen Blick auf die anstehenden Aufgaben und auf die Arbeit.

Ich habe die Vision einer Kirche, die für Menschen ein Vorbild sein kann – gerade im Umgang mit ihren Mitarbeitenden. Klar ist – wo Menschen mit Menschen arbeiten, knirscht es immer, wir werden nie konfliktfrei arbeiten können und auch in der Kirche gibt es Kündigungen. Dennoch werden wir als Kirche gesellschaftlich immer auch stärker an moralischen Maßstäben gemessen als andere Institutionen. Auch zu Recht, denn erstens haben wir als Kirche jahrhundertelang dieses Image erarbeitet und zweitens ist ein starker Aspekt, an dem wir immer wieder gemessen werden, die Nächstenliebe. Es geht sowohl in Medienberichten als auch in Gesprächen mit Personen, die nicht kirchlich sozialisiert sind, oft um die Frage: Wie geht die Kirche mit Menschen um?

Wir sind als Christ:innen immer auch Vorbilder für die Gesellschaft – wenn wir uns permanent überarbeiten, wie können wir dann ausstrahlen, dass der christliche Glaube Kraftquelle und Ruhepol ist?

Ich wünsche mir eine Kirche, in der Zeit ist für Ruhe. Und Kreativpausen. Ich wünsche mir eine Kirche, die ernsthaft schaut, wie Arbeitsprozesse fair aufgeteilt werden können, wie wir uns mit Blick auf unsere heterogene Gemeinschaft viel mehr auf die jeweiligen Talente der Personen konzentrieren können. Eine Kirche, die individuelle Begabungen wertschätzt und fördert, bei Haupt- und bei Ehrenamtlichen.

Gott beurteilt Menschen nicht danach, wie viel sie am Tag geschafft haben und was sie in ihrem Leben geleistet haben. Warum sollten wir dann eine Arbeitsmoral an den Tag legen, die Burn-out fördert?

Ich habe die Vision einer Kirche, in der Regeneration erlernt und respektiert wird. Von allen Menschen in der Kirche: Hauptamtlichen und Ehrenamtlichen, dem Senior:innenkreis ebenso wie dem Kirchenvorstand, dem Chor oder der Gemeindefestvorbereitungsgruppe.

Das bedeutet aber auch, dass wir uns ernsthaft und mit realistischen Vorstellungen damit auseinandersetzen müssen, was am jeweiligen Ort noch schaffbar ist. Es braucht Aufstellungen der Stunden, die sowohl Haupt- als auch Ehrenamtliche arbeiten, und ehrliche Klärung, was gearbeitet werden kann und was nicht. Es braucht Stellenausschreibungen, bei denen sich ernsthaft vorher damit auseinandergesetzt wurde, wie viele Wochenarbeitsstunden das beinhaltet, und bei denen nicht die eierlegende Wollmilchsau gesucht wird, die offenbar ohne Schlaf, eigene Hobbys und Familie durch die Woche kommt.

All das hängt eng damit zusammen, dass wir uns über die veränderten Strukturen klar werden. Wie viele Menschen sind in unserer Gemeinde in den vergangenen Jahren aus der Kirche ausgetreten? Und was bedeutet das für unsere Gemeinde in den nächsten Jahren? Auch mit Blick auf die Immobilien oder die Personalsituation? Konkret bedeutet das auch: Wir werden nicht plötzlich eine Veränderung herbeischaffen, indem wir mehr Werbung für unsere Veranstaltungen machen. Wir müssen uns ehrlich damit auseinandersetzen, dass Dinge auslaufen werden. Dass wir kleiner werden. Dass wir loslassen müssen. Und dass wir zugleich attraktive Stellenangebote schaffen müssen, wenn wir auf dem Arbeitsmarkt Bestand haben wollen.

Auch einzelne Gemeinden sollten üben und lernen, Pausen zu machen: Wie wäre es mit einer Sabbatzeit? Ein oder ein paar Monate, in denen einmal alles ruht. Jede Gemeindeveranstaltung, die klassischen Gottesdienste, der normale Ablauf.

Und zwar wirkliches Ruhen – ohne die vielen Ausnahmen.

Ein neues Miteinander

Ich wünsche mir eine Kirche, die sich viel stärker darauf konzentriert, Menschen, die für die Kirche arbeiten, vor Burn-out zu schützen. Dieser Aspekt des Arbeitsschutzes ist einer, der gerade in der Kirche noch viel zu wenig Beachtung findet, dabei haben wir beispielsweise im Pfarramt eine sehr hohe Burn-out-Quote. Wir brauchen Burn-out-Präventionen und Aufklärung – sowohl in der Ausbildung zur Pfarrperson für einen selbst als auch für die Personen, für die wir dann verantwortlich sind und die für die Kirche und in den Gemeinden arbeiten.

Wenn Stellen teilweise oder ganz gestrichen werden, muss klar sein, dass auch Aufgaben gestrichen werden müssen. Eine Vakanzvertretung und die Übernahme einer weiteren Gemeinde kann keine Normalität sein – auch nicht unter dem Aspekt, dass das schon immer so gemacht wurde.

Die Aussage »Das hat uns auch nicht geschadet« hilft dabei nicht weiter. Der Satz sagt sehr viel über den Menschen aus, der ihn benutzt, nämlich wie wenig die jeweilige Person bereit ist, die eigenen Erfahrungen ehrlich zu reflektieren und sich mit eventuell daraus entstandenen Spätfolgen oder psychischen Störungen auseinanderzusetzen. Um es zuzuspitzen: Die vielen 60-, 70- und 80-Stunden-Wochen im Pfarramt oder die etlichen Überstunden in anderen kirchlichen Arbeitsbereichen haben unsere Kirchen doch auch nicht vor dem aktuellen Zustand bewahrt. Warum also sollten wir so weitermachen?

Wir können nicht alles so weiterlaufen lassen und die Aufgaben auf übrige Mitarbeitende verteilen. So geraten Menschen in die Überlastung und ins Burn-out. So handeln wir weder respektvoll noch nachhaltig und vor allem – mit dieser Arbeitseinstellung begegnen wir uns nicht in Nächstenliebe.

Klar ist – alle Aufgaben können nicht von den Übrigen übernommen werden. Es braucht Offenheit für Fusionen, ehrliche Teamarbeit auf Augenhöhe, Veränderungen in der Verwaltungsarbeit, Regionalisierungen und Mut, Dinge sein zu lassen. Es braucht auch die Klarheit, dass es Phasen gibt, in denen bestimmte Aufgaben nicht gemacht werden können und ausfallen müssen. Es braucht Mut, Dinge sterben zu lassen.

Wir werden nicht alles so weiterführen können, wie es schon immer gelaufen ist – unsere Gemeinden werden kleiner, die Mitarbeitenden weniger, die Masse der Aufgaben bleiben, wir brauchen eine Konzentration auf die wesentlichen Kernelemente, die an unserem Ort dran sind und funktionieren. Das können ganz unterschiedliche sein, denn diese Elemente sind abhängig vom jeweiligen Gemeindeprofil, der Sozialraum- oder Prognoseraumanalyse vor Ort.

Es braucht auch ein Aufeinanderzugehen der Personen, die in ihrem Arbeitsleben hauptsächlich auf Konkurrenz gepolt waren, weil es mehr Personen gab als Stellen. Wir brauchen Teamarbeit in ehrlicher Gemeinschaft, kein konkurrenzgeprägtes Gegeneinander.

All das hängt eng damit zusammen, wie wir mit Ehrenamtlichen und angestellten Mitarbeitenden umgehen: Wertschätzung, Respekt und Anerkennung für alle Menschen, die mitarbeiten. Auch bezüglich unserer Kritikkultur, der Personalgespräche oder der Dienstbesprechungen.

Neue Gestaltungsansätze der anstehenden Arbeit und der Aufgaben können für die Kirche gut, gesund und gelingend sein. Beispielsweise auch Musterdienstvereinbarung für Pfarrpersonen, also eine schriftliche Abmachung über die Arbeitsbereiche oder auch Arbeitszeiten, die Abschaffung der Residenzpflicht im Pfarrhaus – hin zu einer Freiwilligkeit, ein zugesicherter freier Tag in der Woche.

Gerade beim Ehrenamt oder auch bei der Freiwilligenarbeit in unseren Gemeinden brauchen wir einen anderen Blick: Die Ehrenamtlichen brechen fast überall weg, nicht nur in der Kirche, sondern auch in anderen Vereinen, und diese Entwicklung muss ernst genommen werden. Davon sollten wir uns nicht lähmen lassen, sondern realistisch überlegen, was noch machbar ist und was nicht. Ich glaube auch, dass es wichtig ist, von den Ehrenamtlichen nicht nur zu fordern, sondern auch zu überlegen, wie wir sie fördern: Was können wir Ehrenamtlichen anbieten, damit sie zu uns kommen und mitarbeiten wollen? Ehrenamtliche sind mehr als Menschen, die bei fehlenden Ressourcen Lücken stopfen. Wie wäre es zum Beispiel, Projektarbeit einzuführen, die mit den Arbeitszeiten vereinbar ist? Wie wäre zum Beispiel die Möglichkeit, sich »nur« über einen kurzen Zeitraum bei besonderen Anlässen zu engagieren. Wie wäre zum Beispiel ein Ehrenamt, das die Personen nicht einengt, nicht klammert. Denn auch Ehrenamtliche dürfen und sollen Pausen machen und – auch gehen können.

Gleichzeitig müssen wir uns überlegen, wie wir die Wünsche und Talente der Ehrenamtlichen mehr in den Fokus stellen.[12] Und uns auch die Frage stellen – wie können Menschen bei uns Kompetenzen erwerben, sodass wir attraktiv für ein ehrenamtliches Engagement werden? Zum Beispiel das Sprechen vor Menschen, das Leiten von Gremien etc.

Mir ist bewusst, dass die Kritik an der Arbeitsmoral und der Arbeitskultur in der Kirche der vergangenen Jahre, speziell auch mit Blick aufs Pfarramt, schmerzen kann. Denn für viele ist das nicht nur Kritik an der Arbeit allein, sondern an der eigenen Lebensgeschichte, an eigenen Entscheidungen, die den Alltag und das Familienleben betroffen haben. In einer Zeit, in der der Fachkräftemangel gerade erst beginnt und die Einsparungen auf allen Ebenen in den Kirchen schon signifikant spürbar sind, müssen wir uns für grundlegende Veränderungen bei der Arbeit und beim Engagement in der Gemeinde öffnen.

Wir haben die Verpflichtung als Kirche, auf die Ressourcen unserer Mitarbeitenden zu achten und sie zu schützen. Ich habe die Vision einer Kirche, in der es respektiert wird, dass wir zum Überlastungsstolz ganz klar Nein sagen und unsere Mitarbeitenden vor Burn-out schützen. Ich möchte für meine Kirche arbeiten und brennen – aber ohne zu verbrennen.

KAPITEL 4

MUT ZUR ÄSTHETISCHEN VIELFALT

Vom Unterschied zwischen Schaukästen und Instagram, Glaskästen für die Häkelgruppe und Fetisch-Konzerten in der Kirche.

»Als Frau im Pfarramt sollten Sie sich gut überlegen, ob Sie Lippenstift und Nagellack im Gottesdienst tragen.«

Vor jedem wichtigen Erlebnis in meinem Leben wähle ich sorgfältig das Outfit dazu aus. Ich weiß noch genau, was ich am ersten Schultag in der 7. Klasse – dem Wechsel auf das Gymnasium – anhatte. An dem Tag, als ich meine Examensprüfung machte. An dem Tag, als meine Tante starb. An dem Tag, als meine Kinder geboren wurden. Ich liebe es, mir meine Outfits zusammenzusuchen, zu kombinieren, auszuprobieren. Zu überlegen, was zum Anlass passt, welcher Lippenstift, welches Make-up. Aber vor allem liebe ich es, mich darin wohl- und schön zu fühlen – nur für mich. Mein Outfit ist Teil von mir. Ausdruck meiner Gefühle und meiner Seele.

An einem der ersten Tage im Vikariat, der praktischen Ausbildungsphase im Pfarramt, sitze ich mit meinem Kurs in einer Seminarwoche. Wir sprechen darüber, wie Pfarrpersonen heute gesehen werden und wie wir den Referierenden nach kompetent und gut in diesem Beruf bestehen und die Kirche vertreten. Dabei fällt der Satz: »Als Frau im Pfarramt sollten Sie sich gut überlegen, ob Sie Lippenstift und Nagellack im Gottesdienst tragen. Mit Blick auf Ihr Äußeres: Überlegen Sie sich gut, wie Sie als Pfarrerin in Erinnerung bleiben wollen.«

Der Satz und die ganze Seminareinheit dazu treffen genau meine Selbstzweifel und Fragen, die schon während des Theologiestudiums immer da waren. Das Gefühl: Ich passe hier nicht rein. Ich passe in diese Kirche nicht rein.

Generell, wenn ich in dieser Gesellschaft ernst genommen werden möchte, dann bin ich dafür eigentlich zu blond, trage zu gerne Lippenstift und bin zu sehr Frau.

Das Gefühl, das sich durch die gesamte Zeit durchzieht, ist: Ich muss mich offenbar verändern, um ernst genommen zu werden. Im Hinblick auf meine Klamotten und mein Make-up. Ich muss mich anpassen. Mich schützen.

Und so passe ich mich an. Wähle andere Kleidung als Schutzraum, um dazuzugehören. Ich kaufe mir weiße Blusen und schwarze Blazer. Und einen viel dezenteren Lippenstift, als ich ihn jemals getragen habe. Er sieht fast aus, als würde ich keinen mehr tragen. Wirklich wohl fühle ich mich damit erst nicht. Doch auch daran gewöhn ich mich.

Ein Jahr später steht in der Mitte meiner Ausbildung ein wichtiger Termin an. Er hat etwas mit Auswertung zu tun. Mit Ratschlägen.

Also ziehe ich meine Schutzkleidung an. Meine Uniform. Weißer Kragen, hochgeschlossen. Pullover und den schwarzen Blazer. Meine Schutzschicht. Gegen all die Gedanken, die die Person über mich hat.

Es heißt immer: »Wir bewerten hier nicht, wir beobachten nur.« Doch es sind Bewertungen, denn die Beobachtungen haben Auswirkungen. Mit meiner Kleidung will ich zeigen, dass ich hier auch dazugehöre. Ich kenne inzwischen die Gedanken der Person, die mich heute bewertet, zu meinem persönlichen Stil und ich weiß: Ich passe nicht in das Bild dieser Person. Ich verkörpere Kirche für diese Person nicht so, wie eine vorbildliche Vikarin sein müsste.

Die versucht subtilen bewertenden Kommentare meines Gegenübers haben seit Monaten klargemacht, dass die Person meinen Wunsch nach Veränderung nicht ertragen kann. Oder mich. Diese Bewertungen triggerten all das, was mich schon seit Jahren umtreibt. All die Gedanken daran, dass ich mit meinem Sein und individuellen Stil nicht in diese Kirche passe.

Trotz meiner angepassten Kleidung bleiben meine Gedanken von der Kirche und mein Wunsch, sie zu verändern, Kirche endlich bunter und vielfältiger zu machen. Sie dringen immer wieder nach außen. Ich kann sie nicht einsperren.

Von diesen Erfahrungen zu schreiben, fällt mir nicht leicht. Denn es hängt so viel mehr damit zusammen: Von Machtdemonstration über Selbstzweifel bis Sexismus ist alles dabei.

Rückblickend stellen sich mir aber vor allem die Fragen: Welche Menschen sind in unserer Kirche willkommen und wie müssen sie dafür sein? Darf jede Person wirklich so zu uns kommen, wie sie ist? Klar ist – Kleider machen Leute. Und klar ist auch – Anlässe und Geschmäcker sind verschieden und das, was für die eine Person ein angemessenes Outfit ist, scheint für andere wiederum ganz unangebracht zu sein.

Ein wunderbares Beispiel dafür ist die Frage nach der Kleidung zur Konfirmation. Für Jugendliche ist es aktuell oft das Größte, zur Konfirmation neue weiße Sneaker zu tragen. Diese Ästhetik ist eine, die alteingesessenen Gemeindemitgliedern oder Pfarrpersonen nicht immer verständlich ist. Oft passiert es, dass an dieser Stelle übergriffig kommentiert oder gehandelt wird und unter dem Vorwand, »das gehört sich so nicht«, gewisse Kleidervorschiften gemacht werden.

Meiner Erfahrung nach ist diese Festsetzung bestimmter eigener Stilvorstellungen absolut kontraproduktiv, wenn es darum geht, dass sich die Jugendlichen in der Gemeinde willkommen und angenommen fühlen sollen. Es schränkt den Kreis der Personen, die passend erscheinen, auf die ein, die sich entweder stilmäßig anpassen oder sich eh schon damit wohlfühlen. Die Frage ist dabei: Brauchen wir in der Kirche wirklich Stildiktate für die Mode, die Gestaltung der Räume und unsere Öffentlichkeitsarbeit? Oder überspitzt gesagt: Warum sind Chagall-Bilder okay, aber moderne Kunstwerke zu wenig kulturell?

Geschmäcker sind verschieden. In der Kirche sind wir offen für verschiedene Stile. Bei uns ist jede:r willkommen.

Vielleicht klingt der erste Teil des Kapitels zugespitzt. Vielleicht denken einige, dass ein unausgesprochener Dresscode in der Kirche, eine Kleiderordnung für den Gottesdienst doch kein Problem sei. Doch es geht dabei um so viel mehr als die alleinigen Äußerlichkeiten. Es geht um Ästhetik und Zugehörigkeit. Wer ist in unserer Kirche willkommen und wie kommunizieren wir mit neuen Zielgruppen?

Jede Zielgruppe hat ihre eigene Ästhetik

Die Ästhetik beschreibt die Lehre vom Schönen. Und schön kann so vieles sein. Sowohl mit Blick auf unsere Kleidung, aber auch im Verhältnis zu unserer Bildsprache. Ästhetik hängt somit auch unmittelbar mit unserem eigenen Verständnis von Mode – oder auch unserem Verhältnis zu Mode – zusammen. Weiterhin auch mit unserer Definition von Kultur und ob diese die Popkultur miteinschließt oder sie eben als »unkulturell« definiert.

Gerade im Bereich Social Media wurde mir das in den letzten Jahren sehr deutlich. Die meisten Social-Media-Plattformen funktionieren über die Bilder oder Videos, die wir uns anschauen. Der Algorithmus einer jeden Plattform speichert sowohl, was wir konsumieren, als auch, was aktuell im Trend liegt – eine Mischung aus beidem wird uns dann in der jeweiligen Timeline angezeigt.

Gerade in den ersten Jahren, in denen die Kirche versucht hat, auf Social Media die eigenen Themen zu platzieren, wurde die klassische kirchliche Bildästhetik kopiert und auf die Plattformen gepostet: Heraus kamen etliche Sonnenuntergangsbilder mit irischen Segenssprüchen oder Blumenbilder mit der Tageslosung drauf. Das klingt vielleicht etwas überspitzt. Was ich damit aber sagen möchte: Die Bildästhetik außerhalb unserer Kirche ist eine andere als die, die der bereits erwähnten kirchlichen Stammklientel aus ihren Gemeindebriefen und Schaukästen seit vielen Jahren vertraut ist.

Wir können auch nicht davon ausgehen, dass wir ein Medium, in das Mediendesigner:innen und Agenturen viel Expertise stecken, um gute Ergebnisse zu erzielen, einfach so nebenbei mit unseren Inhalten bespielen können. Wir müssen uns konkret damit beschäftigen, was sich in der Bildsprache geändert hat und immer wieder ändert und welche Ästhetik andere Zielgruppen anspricht.

Und auch die verschiedenen Agenturen treffen nicht immer den richtigen Ton bzw. das richtige Bild. Denn klar ist – die Ästhetik und Art und Weise der Bild-, Text- und Videokommunikation auf Social Media entwickelt sich unaufhörlich weiter: Sie ist abhängig vom tagespolitischen Geschehen und dem damit zusammenhängenden Meme-Charakter, sie ist abhängig von viralen Trends, Veränderungen der Social-Media-Plattformen an sich und den Themen, die durch Prominente, Filme oder Influencer:innen gesetzt werden.

Die Ästhetik unserer Gemeindebriefe, Schaukästen und Grußkarten an langjährige Gemeindemitglieder können wir nicht automatisch in andere Bereiche übertragen. Das, was für manche Kirchenmitglieder »protestantisch ästhetisch« ist oder war, wirkt auf andere Zielgruppen möglicherweise überhaupt nicht ansprechend. Das gilt sowohl für die Motive als auch für die Sprachbilder.

Die Außenwirkung der Kirche wirkt auf andere Zielgruppen deshalb oftmals veraltet und nicht zeitgemäß – und das kommunizieren wir damit auch: Wir, die Kirche, sind altbacken und unmodern.

Die Digitalität hat in den letzten zehn Jahren die Kommunikation und die Kommunikationsstrukturen, vor allem auch die Bildkommunikation, grundlegend verändert. Auch für die Kirche ist das von enormer Bedeutung, denn die Kommunikation des Evangeliums in den sozialen Medien ist ein wunderbares Beispiel für das Priestertum aller Gläubigen. Wir begegnen in den sozialen Medien Menschen aller Milieus und Sozialisationen. Als Christ:innen haben wir dort die Möglichkeit, neben all den anderen Themen christliche Werte, Glaube und Sinn zu vermitteln. Wir lassen andere daran teilhaben, was uns Hoffnung gibt, was uns im Leben und darüber hinausträgt. Jede:r Christ:in kann dort über den eigenen Glauben sprechen, auf die ganz eigene Art und Weise.

Digitalität ist Realität – deshalb muss sich die institutionalisierte Kirche auf die damit verbundenen Konsequenzen einlassen: Hierarchien und Kommunikationsstrukturen haben sich verändert. Als Pfarrerin, die in den sozialen Medien präsent ist, werde ich regelmäßig von Privatpersonen und Journalist:innen angeschrieben und zu kirchlichen Themen befragt. Ich rede über meinen Glauben, meine christlichen Werte und als Pfarrerin positioniere ich mich klar gegen Diskriminierung jeglicher Art. Diese Aussagen gehören für mich in den Bereich von Verkündigung und Bekenntnis.

Immer wieder kommt es vor, dass verschiedene (Pfarr-) Personen mir erklären, wie die Hierarchie in der evangelischen Kirche eigentlich sei und wann ich mich mit Aussagen zurückhalten müsse. Genau das ist ein grundlegender Denkfehler bezüglich der Kommunikationsprozesse in den sozialen Medien, denn sie funktionieren nicht Top-down, sondern von einer anderen Richtung her: Bottom-up.

Was für die institutionalisierte Kirche interessant erscheint, ist nicht automatisch ein spannendes Trendthema in den sozialen Medien. Rein theologisch formulierte Themen funktionieren in den sozialen Medien nicht einfach so. Die Community allein entscheidet, welcher der Posts interessant ist, und gibt dazu ein direktes Feedback. Der Algorithmus tut sein Übriges dazu. Das gibt uns als Kirche einerseits die Möglichkeit zu sehen, was unsere jeweiligen Zielgruppen interessiert, andererseits müssen wir auch dem Anspruch gerecht werden, ästhetisch und authentisch – in Wort und Bild – unsere Themen zu platzieren.

Ich träume von einer Kirche, die ihre Bildsprache in ästhetischer, vielfältigerer und ansprechender Art umsetzt. Und offen für neue Trends ist.

Letztendlich dient die Diskussion um die Ästhetik von Social-Media-Posts dabei auch als Folie für unsere generelle Kommunikation in Sachen Gestaltung und Ästhetik. Das gilt auch für die Gestaltung unserer Gemeinderäume: Von zusammengewürfelten Möbeln über Wandteppiche bis zu den allgegenwärtigen kleinen Porzellantassen und den Plakaten zur Jahreslosung im 1970er-Jahre-Stil neben einem Holzkreuz – bestimmte wiederkehrende Elemente sind wie ein unausgesprochener ästhetischer Konsens und in so vielen Gemeindehäusern zu finden. Ich verstehe, dass es viele langjährige Kirchenmitglieder gibt, die damit auch Vertrautheit und Heimat verbinden. Das darf auch so sein. Aber es muss auch Raum für andere Stile geben.

Wir brauchen Platz für verschiedene ästhetische Stile. Genau deshalb habe ich die Vision einer Kirche, in der vieles zu finden ist, nur eben nicht alles an einem Ort. Es braucht Plätze für Verschiedenes und Safer-Spaces für ganz unterschiedliche Gruppen mit ganz unterschiedlicher Ästhetik: Wir brauchen Räume im klassischen Gemeindehausstil neben Räumen, die als Co-Working-Places dienen, Räume im Café-Haus-Style und Glasschränke, in denen die Häkelgruppe ihre Ergebnisse stolz präsentieren kann. Wir brauchen Jugendkeller, Bandräume, Indoorspielplätze, Versammlungsräume, Räume, in denen es im Winter warm ist, die anmutige Stille und Kühle in einer Dorfkirche, das touristische Rauschen einer gotischen Kirche mitten in der Stadt oder auch die Kirche, die abends in ein Licht- und Musikmeer verwandelt wird und zum Tanzen einlädt.

Eine neue Willkommenskultur

Vor einiger Zeit erreichte mich über Social Media die Anfrage einer Person, die auf eine kirchliche Hochzeit eingeladen war. Die Person bezeichnete sich als queer und in einer gleichgeschlechtlichen Partnerschaft lebend. Da sie keinerlei sonstige Berührungspunkte mit der Kirche hatte, war sie unsicher, wie sie sich in der Kirche kleiden sollte. Die größte Sorge dabei war, dass sie aufgrund ihres nicht angepassten Outfits von den geistlichen Personen abgelehnt werden könnte. Wir schickten einige Texte hin und her, ich erklärte ihr den möglichen Ablauf eines

Hochzeitsgottesdienstes und vor allem, dass sie sich kleiden dürfte, wie sie sich wohlfühle.

In solchen Gesprächen ist es mir unfassbar wichtig, den Menschen deutlich zu machen, dass es vor allem darum geht, dass sie sich in ihrem Outfit wohlfühlen. Denn jede Person darf in der christlichen Gemeinschaft sie selbst sein und das auch durch ihr Äußeres transportieren. Wenn sie das Gefühl hat, sich verkleiden zu müssen, um zur Kirche zu gehen, dann läuft etwas sehr falsch.

Natürlich bin ich mir dessen bewusst, dass es oftmals anlassentsprechend passende Outfits gibt. Dennoch bleibt meine Prämisse, dass wir uns viel eher fragen sollten:

Was braucht es, dass sich Menschen bei uns willkommen und angenommen fühlen?

Wie können wir auch implizit kommunizieren, dass bei Gott jede Person eingeladen und angenommen ist?

Ein besonderes Beispiel hierfür ist das »Classic meets Fetish«-Konzert, das schon viele Jahre in der Zwölf-Apostel-Kirche in Schöneberg stattfindet. Verschiedene Künstler:innen treten an diesem Abend auf und präsentieren ihre Musik in Fetisch-Kleidung, also in Lack, Leder oder anderen Stoffen und Accessoires. Auch das Publikum kann Fetisch-Kleidung der eigenen Wahl tragen.

Die Kirche steht in Schöneberg fast direkt an der Kurfürstenstraße und die Konzertreihe passt zum Profil und Leitbild der Gemeinde: »Wir haben es uns zur Aufgabe gesetzt, Menschen einzuladen ohne Infragestellung ihres

Hintergrundes und ihnen vorurteilsfrei eine Möglichkeit zu geben, sich am Gemeindeleben zu beteiligen. Wir sind eine offene Gemeinschaft, in der verschiedene Glaubens- und Lebensstile ihren Platz haben.«[13]

Es geht um Offenheit und Willkommenskultur. Für viele Menschen ist es eine Erst- oder auch Wiederbegegnung. Menschen, die sich von Kirche ausgegrenzt gefühlt haben oder auch sehr heftige Erfahrungen gemacht haben, erzählen, dass sie durch diese Konzerte sein dürfen, wie sie sind, und sich angenommen fühlen – in ihrer Fetisch-Kleidung in der Kirche.

Ein weiteres Beispiel ist der Einsatz vieler Christ:innen in Berlin jedes Jahr auf dem Christopher Street Day. Ein Truck wird angemietet, geschmückt und fährt unter dem Motto »Liebe tut der Seele gut« auf der CSD-Parade mit. Ein DJ spielt darauf Musik, es wird getanzt, gefeiert und es werden Armbänder verteilt mit der Aufschrift »Liebe tut der Seele gut«.[14] Darunter ist »Evangelische Kirche Berlin« zu lesen. Das Banner zeigt die Kirchenkreise und kirchlichen Träger:innen, die das Projekt auf dem CSD unterstützen.

Wir zeigen uns dort als Kirche und Christ:innen, wir feiern gemeinsam, wir kommunizieren: »Wir sind für dich da. Du bist wertvoll und geliebt.« All das, das Feiern, das Auftreten, das Armbänderverschenken, dass die Kirche auf dem CSD vertreten ist – all das ist Seelsorge. Wir sagen nicht nur, dass bei uns jede Person willkommen ist, wir zeigen es auch. Das merke ich jedes Mal bei meinen kurzen Randgesprächen und an den überraschten Blicken und Kommentaren. An Menschen, die Jahre später auf mich zukommen und sich erinnern, dass sie uns dort getroffen haben.

So wünsche ich mir Kirche – offen, bunt und vielfältig.

So fühle ich mich wohl – meine eigene Geschichte

Zurück zu mir selbst und meiner Geschichte: Nach einem Jahr im Pfarramt nahm ich mir die Zeit, um auf die Begegnung und den Satz zurückzublicken, der am Anfang dieses Kapitels steht. Und meine Geschichte ging so weiter:

Fast ein Jahr Pfarramt liegt hinter mir. Ich bin drin. In der Institution. In diesem Beruf. Heute steht ein großer Vortrag an. Viele Menschen aus der Kirche werden da sein. Viele Menschen, die schon viele Jahre in der Kirche arbeiten, in der Institution leben. Die reinpassen, innerlich, wie es scheint – und äußerlich.

Ich habe mein Outfit am Abend zuvor schon rausgelegt. Meinen Lieblingsrock. Kurz und schwarz. Dazu eine Strumpfhose, warme Overknee-Strümpfe und den weißrosa neuen Pullover, den ich so mag. Dazu große Creolen. Ich fühle mich wohl. Ich bin in meinem Outfit ganz bei mir. Innerlich und äußerlich.

Ich verdränge keinen Teil mehr von mir. Heute lege ich alle abwertenden Blicke und Kommentare zu meinem

Stil beiseite, den erlebten Sexismus und all die Momente, in denen ich an ihm gescheitert bin. Ich weiß, dass mich auch heute Menschen aufgrund meines Outfits in eine Schublade stecken werden. Aber ich weiß, dass der Fehler nicht bei mir liegt. Ich weiß auch, dass die Meinung anderer über mich nicht die Realität ist.

Der Fehler liegt bei denen, die versuchen, ihre Macht durch Kleinhalten und verbale Erniedrigung zu stärken. Heute denke ich mir: Wie festgefahren, unflexibel und halsstarrig müssen Menschen innerlich sein, wenn sie versuchen, andere in ihr eigenes Schema zu pressen? Nur weil sie nicht offen sind für Vielfalt, Buntheit, Veränderung und Emanzipation. Es werden noch viele Tage kommen, an denen ich wieder daran scheitern werde. Und das macht mich mürbe. Macht mich müde. Macht mich kaputt. Aber es gibt immer wieder Tage, an denen ich mich stark genug fühle, um weiterzugehen.

Heute scheitere ich nicht an all den Zweifeln, weil mein Outfit so viel transportiert: Buntsein, Authentizität, Kompetenz. Mit pinkem Lippenstift, goldenem Eyeshadow, weißen Sneakers und dem Gedanken, dass es anders werden wird. Bunter, offener.

Erst recht dann, wenn wir überall einzeln oder in kleinen Gruppen damit anfangen, die Kirche bunter zu machen.

KAPITEL 5

MUT ZUM FEMINISMUS

Vom Sexismus in der Kirche, der Notwendigkeit einer Frauenquote und einer Gesellschaft, die uns jetzt braucht.

»Sie müssen schon öfter im Seniorenheim den Gottesdienst machen, das freut die alten Männer so.«

Bist du ein Mensch, der Kopfentscheidungen trifft? Oder Bauchentscheidungen? Hörst du eher auf die Vernunft oder deine Intuition?

Ich höre sehr gerne auf meine Intuition. Auf dieses Gefühl im Bauch, dieses Gespür, wie die Stimmung im Raum ist oder an dem Ort, an den ich komme. Gerade als Pfarrerin und im Bereich der Seelsorge ist das ein unfassbar wichtiges Instrument, um mit Menschen ins Gespräch zu kommen und sie zu begleiten.

Meine Intuition war schon immer sehr stark. Mein Gerechtigkeits- und Ungerechtigkeitsempfinden auch. Das sind die Momente, in denen ich spüre, dass etwas gerade nicht stimmt, dass etwas im Ablauf gerade schiefläuft. Dass ich handeln möchte oder muss. Diese Empfindungen waren für mich starke Gründe, warum ich Pfarrerin werden wollte. Ich kann sie nicht erlernen, nur ausbauen.

Mittlerweile kann ich gut einschätzen, wann es sinnvoll ist, meinem Bauchgefühl nachzugehen und intuitive Entscheidungen zu treffen. Ebenso, wie es genügend Momente gibt, in denen ich eine Intuition habe und dennoch die Vernunftentscheidung treffen muss. Weil das Leben komplex ist.

Dennoch spüre ich immer erst mal nach: Was sagt meine Intuition gerade? Was werde ich auf- oder gedanklich nacharbeiten müssen, wenn ich diese oder jene Entscheidung treffe?

Meine Intuition – sie ist mir meine wichtigste Begleiterin geworden.

Doch es gab eine Zeit in meinem Leben, da war ich auf dem Weg, meine Intuition zu verlieren. Ihr nicht mehr zu vertrauen. Weil die Welt mir erklärt hat, dass mein schlechtes Bauchgefühl doch normal sei.

Mein Gottesdienst ist gerade vorbei. Es war ein schöner Gottesdienst im Pflegeheim. Wir hatten eine schöne Gemeinschaft und eine gute gemeinsame Zeit.

Glücklich und etwas erschöpft räume ich die Stühle zusammen und die Gesangbücher weg. In Gedanken bin ich noch bei den Dingen, die wir im Gottesdienst erlebt haben. Vor meinem Auge sehe ich die Senior:innen, die nicht mehr lesen können, aber die ihnen bekannten Lieder mitsingen oder summen.

Die Person mit Demenzerkrankung, die den ganzen Gottesdienst über abwechselnd abwesend oder unruhig wirkte. Was sie wohl mitbekommt oder ob sie sich hier wohlfühlt, hatte ich mich gefragt. Dann stimmte sie plötzlich laut in das Vaterunser mit ein. Ich sehe das Geschwisterpaar vor mir, sehe, wie die eine Person den Rollstuhl der anderen schiebt und wir gemeinsam Gottesdienst feiern. Auch über die Gespräche nach dem Gottesdienst denke ich nach.

In mir drin ist es voller Freude – der Gottesdienst hat uns alle bewegt. In ganz verschiedene Richtungen.

Mitten in all dem kommt eine Person, die beim Gottesdienst mitarbeitet, auf mich zu und sagt: »Sie müssen schon öfter im Seniorenheim den Gottesdienst machen, das freut die alten Männer so.«

Der Satz trifft mich. Wirft mich raus aus all meinen Gedanken. Vielleicht ist der Satz nett gemeint, aber er ist vor allem eins – ein Schlag in die Magengrube. Es sind nicht nur die ausgesprochenen Worte, die mich verletzen, sondern auch das, was zwischen den Zeilen zu hören ist. Als hätte ich mich nicht vorbereiten müssen, weil die alten Männer eh nur auf mein Äußeres schauen würden. Der Satz spricht mir meine Kompetenzen als Pfarrerin ab. Er verdinglicht mich gleichzeitig und entmenschlicht mich damit – als wäre ich ein Objekt, eine Ware. So wie Frauen in unserer Gesellschaft viel zu lange auf diese Weise ihre Würde genommen wurde.

Der Satz reiht sich ein in eine Menge sexistischer Aussagen, die ich in meinem Leben schon gehört habe. Sätze wie:

»Es ist doch kein Wunder, wenn man die Etikette nicht befolgt, wie man sich als Frau zu verhalten und zu kleiden hat, dass es dann negative Reaktionen gibt.«

»Es ist so schön, wenn man in Kirchen kommt, in denen Frauen arbeiten, dann sieht der Altar immer so schön geschmückt aus.«

»Eine Frau als Pfarrer? Würde sich die Kirche an die Bibel halten, dann gäbe es das nicht.«

An solche Sätze hatte ich mich gewöhnt. An die Normalität der Diskriminierung. An die Allgegenwart der Herabwürdigung. Dass solche Sätze zu einem Leben als Frau dazugehören. Dass ich nur nett lächeln muss oder über den Witz lachen. Dass ich meine Intuition, dieses unangenehme Gefühl, das ich bei diesen Sätzen immer hatte, nur unterdrücken müsste. Dass sich mein Bauchgefühl nur erst daran gewöhnen müsste, dass das in dieser Welt so läuft.

Ich hatte mich daran gewöhnt, dass Genervtheit, dekonstruktive Kritik oder gar gewaltvolle Sprache und Aggression bei männlichen Kollegen im Gespräch als »angenehme Würze« geduldet oder gar lobend hervorgehoben wurden, bei Frauen hingegen mit »nervig«, »zickig« oder »in der Gesprächsführung inkompetent« bezeichnet wurden. Dass es normal sei, dass männliche Kollegen die gleichen Aussagen treffen konnten und dafür nicht angegriffen wurden.

Offenbar sah die gesellschaftliche Realität so aus. Und auch unsere kirchliche.

Ich hatte mich daran gewöhnt, dass es normal war, dass meine Weiblichkeit infrage gestellt wurde, wenn ich für meine Kinder nicht die grundlegende Care-Arbeit, also die Sorgearbeit, leistete. Dass ich als egoistisch bezeichnet wurde, wenn ich meine Ausbildung zur Pfarrerin weiterhin verfolgte und nicht zu Hause blieb.

Ich hatte mich daran gewöhnt, dass meine Fähigkeit, wichtige Entscheidungen zu treffen, und mein allgemeines Leistungsvermögen dadurch infrage gestellt werden, welcher Tag gerade im Monat ist, in Bezug auf den Menstruationszyklus. Dass mir unterstellt wurde, dass ich nicht zurechnungsfähig sein könnte, weil ich meine Tage hatte.

Es war ja schon immer so. Also war es Normalität – zusammen mit dem unguten Gefühl in meinem Bauch.

Ich hatte mich an all das gewöhnt. – Bis ich es irgendwann erlebte, dass eine Frau sich dagegen wehrte. Sie fragte wie nebenbei einen Mann, der gerade einen abwertenden Kommentar zu der Frisur einer Politikerin gemacht hatte, ob er denselben Satz auch über einen Politiker sagen würde. Es lag keine erkennbare Angriffslust in ihrer Stimme, keine Abwertung, nur Deutlichkeit. Die Art Deutlichkeit, die Frauen erlangen, wenn sie schon lange erkannt haben, dass Sexismus in unser aller Alltag und Sprachgebrauch omnipräsent ist. Dass wir Frauen innerlich unbewusst schlechter bewerten und beurteilen als Männer. Weil das die gesellschaftliche Prägung ist. Sie fragte fast wie nebenbei – doch Frauen, die solche Fragen öffentlich formulieren, stellen diese Frage nicht nebenbei. Sie haben sich schon lange mit der Abwertung von

Frauen beschäftigt. Sie ignorieren das ungute Gefühl in der Magengegend nicht, sondern geben ihm Raum und verleihen ihm Worte. Sie wissen, dass es Konsequenzen haben kann, wenn sie offen darüber sprechen, dass sie in der patriarchalen Welt dann vermutlich weniger angesehen werden, nicht mehr die »freundliche« oder »nette« Person sind, sondern eher die »schwierige« oder »hysterische«.

Ich hörte zu. Sprach mit anderen Frauen darüber. Traute mich nachzuspüren, woher dieses Ungerechtigkeitsgefühl kam. Bis mir irgendwann selbst klar war, dass das nicht normal ist. Dass Diskriminierung keine Meinung, sondern Herabwürdigung ist. Und so wurde ich Feministin.

An dieser Stelle ist es wichtig, dass ich erkläre, was ich unter dem Begriff Feminismus verstehe, weil der Begriff oft auf Ablehnung stößt. Für mich bedeutet Feminismus Gleichberechtigung. Es geht dabei nicht allein um die Gleichheit der Geschlechter. Es geht um Gleichberechtigung in unterschiedlichen Bereichen. Feminismus, wie ich ihn verstehe, setzt sich ein gegen Sexismus, sexistische Ausbeutung, Unterdrückung, Misogynie, also Frauenfeindlichkeit, Rassismus, Klassismus, Homophobie, Biphobie, Transphobie, Interphobie, also die Ablehnung intersexueller Menschen, und auch gegen Ableismus, die Diskriminierung aufgrund einer Behinderung. Mein Verständnis von Feminismus ist ein intersektionales

Verständnis von Feminismus, das bedeutet, dass ich für Gleichberechtigung, die ganz verschiedene Menschen betrifft, kämpfe. Kampf bedeutet an dieser Stelle nicht Brutalität oder Gewalt, sondern Deutlichkeit und Klarheit – zum Beispiel in der Sprache. Und gleichzeitig bin ich dabei auch immer eine Lernende und mit dem Thema noch lange nicht fertig. Auch ich mache Fehler, auch ich lerne bei diesen Themen täglich Neues von anderen Personen dazu.

Gleichberechtigung geht uns alle etwas an. Deshalb geht uns auch Feminismus alle etwas an.

Wir setzen uns als Christi:innen gemeinsam dafür ein, dass Menschen nicht diskriminiert werden.

Zeit für eine Frauenquote

Viele Jahre hatte ich das Gefühl, dass Frauen in manchen Bereichen, wie in der Politik oder auch im Finanzwesen, weniger kompetent als ihre männlichen Kollegen sein könnten. Auch in der Kirche. Das hängt unmittelbar und stark damit zusammen, dass die Kirche viele Jahrhunderte klar männlich dominiert war. Während die Männer oben auf der Kanzel standen und predigten, den Gottesdienst und die Gemeinde leiteten, waren Frauen ausschließlich im Hintergrund aktiv: Sie versorgten die Armen, Alten und Kranken der Gemeinde, putzten die Kirche, backten Kuchen und stellten frische Blumen auf den Altar. Das Bild hat sich eingeprägt und ist auch bis heute noch sehr präsent.

Erst 1908 wurden in Preußen Frauen zum Theologiestudium zugelassen, 1920 absolvierte erstmalig eine Frau das erste theologische Examen, 1943 gab es die erste Ordination einer Frau und erst 1974 wurden Frauen und Männer im Pfarramt gleichgestellt.[15] In Deutschland galt bis dahin die sogenannte »Zölibatsklausel« für Pfarrerinnen: Sie durften nicht heiraten. Taten sie es doch, dann bekamen sie parallel zu ihrer Heiratsurkunde die Entlassungsurkunde aus dem Dienst und konnten ihren Beruf nicht mehr ausüben und Geld verdienen – bis zur Scheidung oder dem Tod des Ehemannes.[16] Das Thema der Frauenordination war damit aber noch lange nicht abgeschlossen, und so wurde die Frauenordination beispielsweise in der Evangelisch-Lutherischen Landeskirche Schaumburg-Lippe als Letzte erst 1991 eingeführt. In der Lettischen Evangelisch-Lutherischen Kirche (LELB) wurde sie 2016 sogar wieder abgeschafft und die Ordination ist dort seither auf männliche Kandidaten beschränkt.

Frauen wurden also auch in der evangelischen Kirche systematisch aus dem Pfarramt ausgeschlossen. Machtpositionen hingegen wurden von Männern besetzt, womit sie wiederum ihre Macht stützen und schützen konnten.

Blickt man auf den letzten *Atlas zur Gleichstellung von Frauen und Männern in der evangelischen Kirche* von 2020, so wird einiges deutlich:[17] Er zeigt, dass sich die Zahlen zwar verändert haben, es aber noch immer keine ausgewogene Repräsentanz der Geschlechter in der Kirche gibt, auch nicht in der Diakonie. Besonders zeigt sich das auf der Ebene des kirchlichen Leitens. Auf der Ebene der gemeindeleitenden Gremien zeigten die Durchschnittszahlen für die EKD im Jahr 2020 noch ein relativ ausgeglichenes Verhältnis des Männer- und Frauenanteils, wobei es in einigen Landeskirchen auch Ausreißer nach unten gibt. Die Synoden auf mittlerer Ebene, auf der Kreisebene, zeigen hingegen schon einen geringeren Frauenanteil von durchschnittlich 44 Prozent an. Auf der Landesebene, also in den Landessynoden, gibt es durchschnittlich nur noch einen Frauenanteil von 40 Prozent.

Bei den Leitungsämtern sieht es noch signifikant schlechter aus. Der durchschnittliche Frauenanteil in den Landeskirchen im Leitungsamt auf mittlerer Ebene war 2020 bei 25 Prozent. Bei der Kirchenleitung der Landeskirchen gab es 2020 einen Frauenanteil von durchschnittlich 36 Prozent.

Die Zahlen sprechen für sich. Für mich haben sie jedenfalls immer eine klare Sprache gesprochen und mir den Mut genommen.

Es mag sein, dass sich der eine oder andere jetzt fragt, warum ich mich beklage, vor allem, da im Jahr 2021 doch die Spitzenpositionen in der EKD von Frauen übernommen wurden. In meinem Alltag als Pfarrerin sieht es aber anders aus und mir hat die Repräsentanz von Frauen in Leitungsämtern auch gefehlt als Studentin, Mitarbeiterin oder auch Ehrenamtliche in der Gemeinde. In meiner Gemeinde hatte ich sowohl als Ehrenamtliche als auch als Pfarrerin nicht mit der Leitungsebene der EKD zu tun. Mit dem Leitungsamt auf mittlerer Ebene, also mit der Person oder den Personen, die meinen jeweiligen Kirchenbezirk oder Kirchenkreis verwaltet, schon eher. Denn Kirchengemeinden sind verankert in den Kirchenregionen oder -kreisen und in den Synoden in der Region. Über viele Jahre begegneten mir auf diesen Positionen ausschließlich Männer. Das prägt ein Bild. Das prägt ein Leitungsamt. Das prägte auch mein Bild davon, wie Kirche strukturiert und geleitet wird. Und es hat jahrelang mein Bild davon geprägt, ob ich mich repräsentiert fühle. Oder zugehörig.

Die Deutsche Gesellschaft für Psychologie (DGP) fand schon 2015 heraus, dass, wenn Berufe in einer geschlechtergerechten Sprache dargestellt werden, also in der männlichen und weiblichen Form, Kinder im Grundschulalter »typisch männliche Berufe« als leichter erlernbar und erreichbarer einschätzen und sich selbst eher zutrauen, diese zu erreichen.[18] Im übertragenen Sinne:

Welche starke Wirkung hätte es, würden wir Leitungs-positionen in der Kirche – vor allem auch auf mittlerer Ebene – endlich paritätisch besetzen und wirklich ein ausgeglichenes Verhältnis von Dekan:innen, Superinten-dent:innen oder Kreisoberpfarrer:innen schaffen? Das ist meine Vision von Kirche. Oft kommt an dieser Stelle das Argument, dass bei einer Quotenregelung Frauen dann ja nicht wüssten, ob sie aufgrund ihrer Kompetenz und Qualifikation im Amt seien oder aufgrund der Quoten-regelung bzw. ihres Frauseins. Umgekehrt frage ich: Bei den aktuellen Zahlen von überdurchschnittlich mehr Männern in Führungspositionen in der Kirche – wie si-cher kann sich ein Mann sein, dass er aufgrund seiner Qualifikation die jeweilige Position bekommen hat und nicht vor allem aufgrund seines Mannseins? Denn nur allzu oft habe ich nach der Amtszeit einer Frau schon den Satz gehört: »Jetzt brauchen wir aber erst mal wieder ei-nen Mann«, während der Satz umgekehrt fast nicht ge-sagt wird.

Viele Jahre und Jahrhunderte haben wir als Kirche Frauen diskriminiert, haben Sexismus und Antifeminis-mus unterstützt und auch forciert. Gerade weil wir uns an diesem Punkt schuldig gemacht haben und diesen Raum dafür geboten haben, müssen wir uns umso mehr dafür einsetzen, dass wir Menschen vor Diskriminierung schüt-zen. Es ist unsere Aufgabe als Kirche und als Playerin in der Gesellschaft, einen Schutzraum für Menschen zu bieten. Weil genau darin unser Auftrag liegt und wir ihn zu viele Jahre vernachlässigt haben.

Ich habe die Vision einer Kirche, die ich mir als Studentin gewünscht hätte: Dass Student:innen die gleichen beruflichen Träume haben können wie ihre Kommilitonen. Dass sie die gleichen echten Chancen haben, auch bei Bewerbungen auf Führungspositionen.

So eine Kirche ist nur möglich, wenn Leitungsämter paritätisch besetzt werden. Weil ein ausgeglichenes Verhältnis immer auch eine Veränderung in der Leitung mit sich bringt. Weil es unser Bild nach außen und nach innen verändert.

Und klar ist dabei für mich auch: Solange in unserer Gesellschaft und Kirche diese Prozesse noch nicht von allein geschehen – und an dem Punkt sind wir noch nicht –, brauchen wir eine Quotenregelung.

Ich wünsche mir eine Kirche, die Frauen Mut macht, dass sie sich auf alle Stellen bewerben können, auf die wir uns mit unserer Qualifikation theoretisch bewerben könnten, für die wir uns aber in der Praxis häufig keine Chancen einräumen.

Ich wünsche mir Synoden, die Stellen nach Kompetenz, Talenten und Begabungen besetzen, die Chancengleichheit und Gender Budgeting, also eine genderbezogene Analyse und gleichstellungsorientierte Bewertung der Verteilung von Ressourcen und der Haushaltsplanung, vor Augen haben.

Ich wünsche mir eine Kirche, die sich ihrer Verantwortung bewusst ist und sich aktiv für Gleichberechtigung einsetzt. Das impliziert alle marginalisierten Gruppen in unserer Gesellschaft, nicht nur Frauen[19], sondern auch die queere Community und besonders Menschen, die von Rassismus, Klassismus und Ableismus betroffen sind. Es gibt großartige Expert:innen, die sich in den jeweiligen Themengebieten sehr gut auskennen und auf unsere strukturellen Probleme im Machtgefüge Kirche hinweisen – lasst uns ihnen mehr Gehör und Gestaltungsraum schenken, gemeinsam lernen und aktiv gegen Diskriminierung vorgehen.

Unsere Vorbildrolle in der Gesellschaft

Bis heute gibt es evangelische Kirchengemeinden und Pfarrpersonen, die Frauen auf der Kanzel offen ablehnen. Eine Gastpastorin, die in einer evangelischen Kirchengemeinde in Bremen einen Trauergottesdienst leitete, musste den Gottesdienst ohne Talar feiern und durfte die Kanzel nicht betreten, da die Gemeinde Frauen im Pfarramt ablehnt.[20] Der Pastor der Gemeinde, der offen gegen die Frauenordination eintritt, hat auf YouTube aktuell 48.000 Abonnenten. In den Videos des Pastors geht es unter anderem um die Rolle der Frau und die »Gefahren des Feminismus«.[21] Auch mir sind sowohl in der Vikariatszeit als auch im Pfarramt immer wieder Männer begegnet, die die Frauenordination abgelehnt haben.

Wir müssen als Kirche ein Vorbild für die Gesellschaft sein, gerade auch mit Blick auf das Thema Gleichberechtigung. Denn in den aktuellen Studien wird deutlich, dass eben nicht die Gleichberechtigung auf dem Vormarsch ist, sondern dass Sexismus und Antifeminismus im Vergleich zu 2020 zugenommen haben: In der Autoritarismus-Studie der Heinrich Böll Stiftung, für die 2022 2.522 männliche, weibliche und diverse Personen zwischen 16 und 91 Jahren befragt wurden, werden seit 2006 Sexismus und seit 2020 auch Antifeminismus als wichtige Facette für ein antimodernes Weltbild erfasst.[22] War zwischen 2006 und 2020 eher ein Rückgang an sexistischen Einstellungen zu verzeichnen, zeigte sich 2022 plötzlich fast durchgängig eine stärkere Zustimmung zu sexistischen Aussagen.[23] Rund ein Viertel der Befragten stimmte den Aussagen zu, dass »Frauen [...] mit ihren Schilderungen über sexualisierte Gewalt häufig [übertreiben], um Vorteile aus der Situation zu schlagen«, und dass »durch den Feminismus [...] die gesellschaftliche Harmonie und Ordnung gestört« werden. Ungefähr jede fünfte befragte Person ist der Meinung, dass sich »Frauen [...] wieder mehr auf die Rolle als Ehefrau und Mutter besinnen« sollten, und empfindet »Frauen, die sich gegen eine Familie und Kinder entscheiden, [...] als egoistisch«.[24] Die Zustimmung zu der Aussage, dass »Frauen sich in der Politik häufig lächerlich machen«, ist um acht Prozent auf 23 Prozent gestiegen.[25]

Die angestiegenen Zustimmungswerte zu den Aussagen machen mich fassungslos. Viel erschreckender ist aber noch eine Tendenz hinsichtlich eines »gewaltbezogenen Männlichkeitsideals« sowie der Veränderung im Bereich von Gewaltbereitschaft und Akzeptanz: »Mehr als die Hälfte der Befragten meint, dass ›ein Mann noch immer die Verantwortung als Ernährer seiner Familie‹ tragen sollte.«[26] Mehr als 33 Prozent finden, dass »Männer einen rationaleren Blick auf Dinge haben als Frauen«[27], 21 Prozent stimmen zu, »ein Mann sollte bereit sein, sich gegen Beleidigung mit Gewalt zu wehren«, und fast 35 Prozent befürworten Gewalt, um »Frau und Kinder zu verteidigen«.[28]

Das Fazit ist: 2022 hatte jeder dritte Mann und fast jede fünfte Frau ein geschlossenes antifeministisches Weltbild. Deutlich wird auch: Das Streben nach Macht, sozialer Dominanz und Überlegenheit in Beziehungen als Männlichkeitsvorstellungen sind miteinander verbunden und befördern Antifeminismus.[29]

Darüber hinaus gibt es laut der Studie der Heinrich Böll Stiftung offensichtliche Verbindungen rechter Milieus zu evangelikalen Kreisen, in denen Sexismus und Antifeminismus mit religiösen Positionen verbunden und laut der Stiftung zum Beispiel bei Demonstrationen gegen eine angebliche »Frühsexualisierung von Kindern« verbreitet werden.[30] Hierbei handelt es sich um Demonstrationen, an denen sowohl Menschen aus AfD-Kreisen als auch Evangelikale teilnehmen, um gegen Sexualkundeunterricht in den Grundschulen zu protestieren, in denen z. B. antifeministische Geschlechterrollen kritisch hinterfragt werden.

All das zeigt – wir müssen uns als Kirche klar positionieren und für Gleichberechtigung einsetzen. Denn Antifeminismus hat neben oder wegen der Meinungsbildung und Einstellung auch konkrete finanzielle Auswirkungen auf Frauen. Die UN Woman Deutschland e. V. betonte 2023 nochmals, dass Frauen und Männer in Deutschland faktisch nicht dieselben Verwirklichungschancen haben.[31] Die sogenannten Gender-Gaps, also die finanziellen Lücken bei Einkommen, Rentenleistungen, Lebenseinkommen und der Sorgearbeit, wirken sich erheblich aus.[32] Am Beispiel der Rentenversorgung wird das sehr deutlich: »Die Alterseinkünfte von Frauen [sind] durchschnittlich knapp ein Drittel niedriger als die von Männern.«[33] Jede fünfte Frau ab 65 gilt als armutsgefährdet.[34]

Ich wünsche mir eine Kirche, die sich noch stärker für Frauen in prekären Verhältnissen einsetzt, für sie da ist, sie befähigt und unterstützt. Eine Kirche, die Frauenhäuser mit aufbaut und Schutzräume bietet. Eine Kirche, die hinschaut und für Frauen an den Punkten da ist, an denen sonst zu wenig Hilfe ankommt. Wir müssen diese Entwicklungen in unserer Gesellschaft vor Augen haben und da sein.

Alle Menschen sind vor Gott gleichwürdig.

Zu viele Jahrhunderte haben wir als Kirche gezielt Frauen unterdrückt und diskriminiert. Es ist an der Zeit, dass das bei uns anders läuft.

KAPITEL 6

MUT, AKTIV GEGEN GRENZVERLETZUNG UND SEXUALISIERTE GEWALT VORZUGEHEN UND DIE VERGANGENHEIT AUFZUARBEITEN

Von falschen Witzen und Komplimenten, echter Solidarität, Aufarbeitung und Respekt für alle.

»Das war doch nur ein Witz.
Man darf auch keine Komplimente
mehr machen.«

Ich sitze vor dem leeren Dokument und will dieses Kapitel schreiben. Schon seit Wochen. Immer wenn ich anfangen möchte zu schreiben, fällt mir ein – ich könnte noch irgendetwas anderes machen. Prokrastination nennt man das. Ich schiebe das Thema auf, weil ich mich damit nicht auseinandersetzen möchte.

Mit der Schuld.

Wieder schiebe ich das Thema weg. Weil es schwer ist.

Weil sie schwer wiegt – die Schuld, die ich erlebt, gesehen und von der ich gehört habe. Als Mitarbeiterin der Kirche trage ich sie immer mit. Es tut weh, mich mit dem Thema zu beschäftigen.

Die Kirche hat sich schuldig gemacht. Meine Kirche. Ich schäme mich dafür. Und gleichzeitig möchte ich das Thema aufarbeiten. Deshalb müssen wir darüber sprechen.

Über die Schuld, die anderen Menschen an dem Ort geschehen ist, den ich als Schutzraum gestalte. Die Schuld, die auch mir in sexuell belästigenden Kommentaren oder übergriffigem Verhalten geschehen ist. Weil Gewalt nicht erst mit Schlägen beginnt. »Gewalt hat viele Gesichter«, macht das Bundesministerium für Familie, Senioren, Frauen und Jugend klar. »Auch Bedrohungen, Beschimpfungen, Belästigungen und Kontrolle«[35] sind Formen von Gewalt. Um das einzuordnen, muss zu Beginn erklärt werden, wie sexualisierter Gewalt definiert wird:

»Sexualisierte Gewalt bezeichnet jeden Übergriff auf die sexuelle Selbstbestimmung. Die Täter – weit überwiegend sind es Männer, auch wenn sexualisierte Gewalt ebenfalls von Frauen ausgehen kann – zwingen den Betroffenen ihren Willen auf. Es geht also nicht um Lust oder Erotik, sondern um Machtverhalten. Sexualisierte Gewalt wertet Menschen durch sexuelle Handlungen oder Kommunikation gezielt ab, demütigt und erniedrigt sie. Nicht nur körperliche Übergriffe wie Vergewaltigung, sexuelle Nötigung oder sexueller Missbrauch zählen zu dieser Form von Gewalt. Auch sexuelle Belästigungen und jede Form unerwünschter sexueller Kommunikation zählen dazu – obszöne Worte und Gesten, aufdringliche und unangenehme Blicke, das Zeigen oder Zusenden sexueller Inhalte und/oder von Pornografie.«[36]

Ich habe Angst, diese Zeilen zu schreiben, weil es noch immer etwas mit mir macht, wenn ich an die Erlebnisse zurückdenke. Es sind unvorhersehbare Momente in meinem beruflichen Alltag, in denen plötzlich eine Situation auftaucht, in der an mir Machtmissbrauch verübt wurde. Ich spüre, dass das bis heute etwas mit mir macht. Dass mein Urvertrauen weg ist.

Ich habe Angst, an die Sätze zu denken, weil ich es in unserer Gesellschaft zu oft sehe, dass Frauen nicht geglaubt wird. Dass eher die Täter:innen geschützt werden statt die Opfer. Dass die Konsequenz nicht ist, dass etwas aufgearbeitet wird, sondern ich für immer allein mit diesem Thema verhaftet bleibe. Das Opfer. In der Kirche.

Ich habe Angst, dass mich eine Person auf der Polizeiwache noch mal fragt, ob ich das Erlebte nicht auch forcieren würde, wenn ich mich so in die Öffentlichkeit begebe.

Ich habe Angst, dass wieder gesagt wird, ich solle mich »doch nicht so haben«. Das sei doch nur ein Witz gewesen! Und alles sei eh nicht so gemeint. Weil früher hätte man ja noch Komplimente machen können.

Ich frage mich, wie vielen Menschen es so geht. Täglich. In der Gesellschaft. In der Kirche. Ich frage mich, wie viele sich damit auch so allein fühlen, wie ich mich gefühlt habe. Wie ich mich manchmal fühle.

Die Sätze tun mir weh, und ich nenne sie doch:

»Ja, na klar ziehst du zur Examensprüfung hohe Schuhe an. Das hilft bestimmt.«

»Du hast ein Promotionsangebot bekommen? Ist der Prof ein Mann?«

»Mit deiner Oberweite würde ich auch gern in eine Prüfung gehen.«

»Wahrscheinlich war der Kollege dir gegenüber so herablassend, weil du so einen kurzen Rock anhattest.«

»So ein Spitzenkragen am Talar ist schon sexy.«

Es sind Sätze, die ich als Theologiestudentin, als Vikarin und als Pfarrerin gesagt bekommen habe. Sätze, die gezielt abwerten, demütigen und erniedrigen. Ich nenne die Sätze, aber nicht die Kontexte. Weil ich an einigen Punkten nicht bereit bin, die Situationen aufzuarbeiten. So wie ich einige Sätze nicht nennen kann, weil sie durch den Inhalt intern auf Personen zurückgeführt werden könnten. Ich möchte keine Person öffentlich diskreditieren. Ich möchte ein Bewusstsein dafür schaffen, damit andere Menschen das nicht mehr erleben müssen. Solche Sätze. Solche Übergriffe. Solch einen Machtmissbrauch.

Als ich angefangen habe, darüber zu sprechen, hat es etwas mit mir gemacht. Und es hat etwas mit den Personen gemacht, mit denen ich gesprochen habe. Es waren oft kleine, vertrauensvolle Runden, in denen ich erzählt habe, was mir passiert ist. Es hat was mit den Menschen gemacht, denen ich meine Geschichten erzählt habe. Sie haben gemerkt, dass sie mit ihren Erfahrungen nicht allein sind. Dass wir uns nicht daran gewöhnen müssen.

Ich habe erfahren, dass es wichtig ist, darüber zu sprechen. Weil Menschen Machtmissbrauch und sexualisierte Gewalt erlebt haben und erleben – auch heute noch. Und leider auch noch immer in der Kirche, in der katholischen ebenso wie in der evangelischen. Denn Machtmissbrauch und sexualisierte Gewalt sind kein Monopol der katholischen Kirche. Sie fanden und finden auch in der evangelischen Kirche statt. Welche sexualisierte Gewalt Kinder, Jugendliche und junge Erwachsene im Raum der Kirche seit den 1980er-Jahren erlebt haben, hat eine unabhängige Kommission für die Nordelbische Evangelisch-Lutherische Kirche, heute Nordkirche, 2014 systematisch untersucht.[37] Mit dieser Untersuchung war die Nordkirche Vorreiterin und hat viele Menschen wachgerüttelt. Die Kommission führte Gespräche mit Betroffenen, Angehörigen, Mitarbeitenden und Gemeindemitgliedern. Das Ergebnis: Obwohl die Übergriffe und Grenzverletzungen einzelner Pastoren in den Gemeinden bekannt waren, wurden in manchen Fällen selbst eindeutige Aussagen und Beobachtungen von Kolleg:innen, Kirchenvorständen, Kirchenleitungen und Supervisionsgruppen ignoriert oder nicht ernst nimmt. Teilweise wurden die Täter einfach auf eine andere Stelle versetzt. Die Traumaexpertin Ursula Enders, die an der Studie beteiligt war, kam zu dem Schluss: »Der Kirche war vor allen daran gelegen, den eigenen Ruf zu retten.«[38]

Wichtig war der Kommission, klarzustellen, dass in der Kirche nicht nur kein Raum für sexuellen Missbrauch, sondern jegliche Form von sexuellen Grenzverletzungen in Worten und Taten sein darf. Selbst wenn die Worte und Taten von anderen als belanglos abgetan werden, können sie zutiefst verletzen: »Ob Verhaltensweisen Grenzverletzungen darstellen oder nicht, hängt nicht nur von den jeweiligen Handlungen oder Worten ab, sondern vor allem davon, wie Mädchen oder Jungen, junge Frauen oder Männer diese erleben. Auch von Dritten als vermeintlich ›objektiv belanglos‹ eingeschätzte subtile Grenzüberschreitungen können zutiefst verletzend sein.«[39] Die oberste Priorität haben immer die von sexualisierter Gewalt betroffenen Personen.

Nur wenn wir anfangen darüber zu sprechen, uns zu solidarisieren und zu thematisieren, dass all das nicht normal ist, kein nett gemeinter Hinweis oder ein Doch-nicht-so-gemeinter-Witz, schaffen wir ein Bewusstsein dafür, dass wir ohne eine Aufarbeitung und Veränderung im Verhalten die teuersten Güter preisgeben, die wir als Kirche haben: den Glauben und die Würde – unsere Glaubwürdigkeit.

In der Kirche ist kein Platz für Grenzverletzung und Übergriffe in Wort und Tat. Hier wird allen mit Respekt begegnet. Übergriffe jeglicher Art werden lückenlos aufgearbeitet.

Ohne eine systematische Aufarbeitung und Präventionskonzepte geht es nicht

Der Anspruch an die Kirchen seitens der Gesellschaft ist ein moralischer. Dass gerade in der Kirche Vertrauen und Macht derart missbraucht wurden, ist unfassbar. Und wir werden dieses Erbe unser Leben lang mit uns tragen – und auch tragen müssen.

Meiner Meinung nach steht es außer Frage, dass die Aufarbeitung der Missbrauchsskandale in der evangelischen und katholischen Kirche intern lückenlos und inklusive Strafverfahren geschehen muss. Wichtig ist, dass die Kommissionen vollkommen unabhängig sind. Die Aufarbeitung kann nicht allein innerhalb der Institution geschehen, da es dort immer wieder zu Machtmissbrauch und Schutz der Täter:innen und Solidarität mit ihnen kam und kommt. Kein Verfahren darf verschleppt werden, kein einziger Vorfall verjähren. Egal wie lange der Vorfall her ist – Betroffene haben das Recht auf Aufarbeitung, Aufklärung und Konsequenzen für die Täter:innen.

Es gibt juristisch im weltlichen Recht keine Anzeigepflicht für sexuellen Missbrauch.[40] Zu einem Verfahren kann es aber nur kommen, wenn eine Anzeige aufgegeben wird. Meiner Meinung nach müssen weltliche Strafverfolgungsbehörden in jedem einzelnen Fall sexuellen Missbrauchs informiert werden. Das ist enorm wichtig, da Kirchenrecht kein Ersatz für staatliches Recht ist. Haftstrafen können allein durch staatliches Recht verhängt werden – und sie sind zu verhängen, wenn ein Mensch einen anderen Menschen missbraucht hat. Gleichzeitig braucht es eine innerinstitutionelle, aber von der Institution unabhängige Aufarbeitung – gerade auch bei den Verfahren, die strafrechtlich verjährt sind.

Kein:e Täter:in darf an dieser Stelle geschützt werden. Erst recht nicht von Mitarbeitenden der Kirche. Viel zu lange waren die Kirchen ein Ort, an dem diese Taten passieren konnten, ohne dass es Konsequenzen für die Täter:innen gab – umso wichtiger ist es, präventiv vorzugehen und ein Bewusstsein dafür zu schaffen. Auch das Umfeld muss das Schweigen brechen.

Es darf in der Kirche und an keinem anderen Ort des Glaubens mehr Formen sexualisierter Gewalt geben. Auf keiner Jugendfreizeit, in keinem Chor, in keiner Ausbildungssituation und in keinem Seelsorgegespräch. Ebenso darf es keine Versetzung von Täter:innen in andere Gemeinden oder auf andere Stellen mehr geben.

Es braucht an jedem Ort wirksamen Schutz vor sexualisierter Gewalt und eine aktive Präventionsarbeit. Sowohl die EKD als auch einzelne Landeskirchen bieten mittlerweile Maßnahmen zum Schutz an.[41] Es darf keinen Ort in der Kirche mehr ohne diese Präventionsarbeit geben.

All das impliziert auch eine Veränderung im Handeln und verbalen Auftreten aller Personen, die im kirchlichen Kontext mitarbeiten – es muss klar sein, dass sexualisierte Gewalt in der oben genannten Definition kein Thema mehr sein darf – auch nicht für einen Witz, auch nicht hinter vorgehaltener Hand, erst recht nicht unter dem Vorwand, »das wird man wohl doch noch mal sagen dürfen«.

Die Studie der Nordkirche macht klar: Kinder, Jugendliche und junge Erwachsene haben das Recht, respektvoll behandelt und vor Grenzverletzungen geschützt zu werden. »Verletzt jemand ihre persönlichen Grenzen, so haben sie das Recht auf Hilfe.«[42] Das gilt nicht nur für Kinder, Jugendliche und junge Erwachsene, sondern für alle Menschen in der Kirche.

Was mir persönlich geholfen hat

Neben den bestehenden Konzepten möchte ich darüber sprechen, was mir in den jeweiligen Situationen geholfen hat und was später hilfreich war, wenn ich gemerkt habe, dass eine Situation wieder hochkam und mich wieder belastet hat. Direkt nach den Geschehnissen fühlte ich mich meist ohnmächtig und kraftlos. Wir gern hätte ich einmal nur schlagfertig reagiert. Doch in solchen Momenten fehlte mir immer die Kraft. Als hätte man sie mir einfach geraubt. Zusammen mit meiner Würde.

Du darfst dich bei der Bewertung einer Situation auf dein Gefühl verlassen. Ich habe immer gemerkt, dass die Situationen keine guten waren, dass sie längerfristig etwas mit mir gemacht haben. Dass ich viel unsicherer war und vorsichtiger. Dass ich mir Vermeidungsstrategien gesucht habe, um so etwas nicht mehr zu erleben.

Du bist nicht allein. Andere Menschen vor dir haben schon Ähnliches erlebt. Auch ich habe versucht, mit meinen Erlebnissen nicht allein zu bleiben. Ich habe mit anderen Frauen gesprochen und Geschichten von anderen Frauen gelesen. So habe ich versucht, aus dem Gedankenkreislauf unserer Gesellschaft herauszukommen, dass wir

Frauen doch meist »selbst schuld« seien. »Ich bin nicht schuld an dem, was mir passiert ist.« Das habe ich mir wie ein Mantra vorgesagt, wenn ich gedanklich wieder an die Situation erinnert wurde.

Du kannst dazu beitragen, dass andere Personen besser geschützt werden. Nach dem Studium und nach der Ausbildung habe ich viel reflektiert und mit Verantwortlichen gesprochen. Ich habe ihnen mitgeteilt, was ich an welchen Orten und in welchen Kontexten gebraucht hätte, um Schutz suchen zu können. Um eine Person zu haben, die unabhängig agiert und an die ich mich hätte wenden können.

Du hast das Recht, eine Anzeige zu erstatten. Mach Gebrauch davon. Ich habe Anzeige erstattet, wenn ich schriftliche Beweise hatte. Grundsätzlich finde ich, dass das einer der wichtigsten Punkte ist, der im kirchlichen Kontext oft übergangen wird: Wenn ein Mensch sich einem anderen Menschen gegenüber gewaltvoll verhält, durch Kommentare oder Verhalten, und das strafrechtlich verfolgt werden kann, dann sollte Anzeige erstattet werden.

Es fühlt sich nicht gut an, eine solche Anzeige zu erstatten. Zu oft wurde uns im christlichen Kontext erzählt, wir müssten uns doch in Nächstenliebe begegnen und verhalten. Doch wir handeln mit einer Anzeige in Nächstenliebe – nämlich mit Blick auf den Schutz der Opfer. Eventuell auch derer, die da noch kommen könnten.

Mir wurde auf der Polizeiwache suggeriert, ich hätte die sexualisierte Gewalt, die ich erlebt habe, doch forciert. Begründet wurde das einfach damit, dass ich als Frau und Pfarrerin mich ja in die Öffentlichkeit begeben habe.

Was für eine fatale Fehlaussage. Denn im Raum der Kirchen arbeiten wir in unseren Berufsfeldern immer in einer Öffentlichkeit. Jede:r Pfarrer:in, Küster:in, Diakon:in, Kirchenmusiker:in etc.

Doch wenn wir sexualisierte Gewalt, ob in Worten oder Taten, erleben, tragen wir keine Mitschuld. Es liegt nicht daran, was wir anziehen, es liegt nicht daran, ob wir Make-up tragen oder einen kurzen Rock – ob sich jemand übergriffig oder herablassend verhält, entscheidet allein die Person selbst. Keine Kleidung der Welt, kein In-der-Öffentlichkeit-Stehen gibt jemandem das Recht, die persönlichen Grenzen zu überschreiten und übergriffig zu werden.

Es hat lange gedauert, bis ich das verstanden habe. Bis ich mich selbst nicht mehr schuldig gefühlt habe. Bis ich verstanden habe, dass nicht mein Sein, sondern das übergriffige Verhalten der anderen Person das Problem ist.

Ich habe mir Hilfe gesucht und aufgearbeitet. Manchmal arbeite ich noch immer auf.

Es gibt eine Sache, bei der habe ich noch keine gute Lösung für mich gefunden. Das sind die Momente, in denen mir Menschen begegnen, die andere Personen sexualisierte Gewalt angetan haben. Wenn sie mir (medial) begegnen und ich die Geschichten vor Augen habe, dann ist da dieser tiefe Schmerz. Dieses Gefühl der Machtlosigkeit. Der Ohnmacht. All das kommt hoch.

Und die Fragen nach dem Warum.

Warum darf diese Person noch immer so in der Öffentlichkeit stehen?

Warum hat diese Person jetzt wieder so eine renommierte Position?

Wurde das, was war, einfach vergessen?

Oder weiß niemand davon? Haben sich zu wenig Menschen getraut, etwas zu sagen? Oder wurde das einfach überhört? Ignoriert?

Wer hat geschwiegen? Wer musste schweigen? Wer konnte einfach nicht reden?

Habe ich vielleicht selbst zu wenig getan? Andere dadurch nicht geschützt?

Es ist eine Spirale an Fragen und Erinnerungen, die in meinem Kopf startet.

Ich erlebe sie auch, wenn mir Betroffene auf Instagram schreiben und mir von ihren Geschichten erzählen. Wie sie gekämpft haben. Oder resigniert. Wie sie getrauert haben. Oder es einfach nicht können. Wie sie ihren Schmerz herausschreien und -schreiben. Wie wir das gemeinsam spüren.

Aushalten.

Es sind ihre Geschichten. Es ist ihr Leben.

Es ist unsere Kirche. Es war unsere Institution. Sie hat sich schuldig gemacht.

Es sind immer Menschen, die sich schuldig gemacht haben, aber es war auch jahrelang die Struktur der Institution, die es begünstigt hat, dass Menschen sich so verhalten konnten. Die Würde von zu vielen Menschen wurde mit Füßen getreten.

Und wir sind noch längst nicht frei davon, uns weiterhin schuldig zu machen. Unser Umgang mit all diesen Themen ist noch immer ausbaufähig – auf so vielen Ebenen und in so vielen Bereichen.

Ich bin als Pfarrerin Teil der evangelischen Kirche, ich bin Projektionsfläche für alle Schuld, die in der evangelischen Kirche begangen wurde und ich werde dieses Erbe meiner Vorgänger:innen immer mittragen. Ich bitte um Entschuldigung als Pfarrerin der evangelischen Kirche, für alle Verletzungen, Gewalterfahrungen, Diskriminierungen und Grenzüberschreitungen, die geschehen sind im Raum der evangelischen Kirche.[43]

Meine Vision von Kirche ist die einer glaubwürdigen Kirche – einer Kirche, die Schutzraum ist für alle Menschen, die Übergriffe erfahren haben. Eine Kirche, in der Würde, Glaube und Schutzkonzepte ernst genommen werden.

Eine Kirche, die wirklich ein Schutzraum ist. Denn nur dann kann sie auch Heimat sein.

Zum Abschluss – ein paar Sätze für dich, wenn du betroffen bist:

Deine Kleidung gibt niemandem das Recht, deine Grenzen zu überschreiten.

Egal wie sich jemand dir gegenüber verhält – das von dir ausgewählte Outfit ist nicht schuld daran.

Du bist nicht schuld daran.

Du bist nicht schuld daran, weil du zu nett warst.

Wenn sich jemand dir gegenüber herablassend oder übergriffig verhält, dann hat diese Person entschieden, sich so zu verhalten.

Zieh an, worin du dich wohlfühlst.

Zieh an, was deiner Meinung nach dem Anlass entsprechend passt.

Du bist wunderbar.

Du bist großartig.

Du bist wertvoll erschaffen.

Zeig das.

Lass dir nicht einreden, es wäre anders.

KAPITEL 7

MUT ZUR DIGITALEN KIRCHE

Vom digitalen Abendmahl und dem Missionsbefehl im Internet.

»Das Internet ist doch auch nur eine Modeerscheinung, die sich nicht durchsetzt.«

Ich puste die Kerze aus. Der Geruch der ausgeblasenen Kerze vermischt sich mit dem des Traubensaftes und des Brotes. Es ist wohlig warm. Um mich herum und in mir drin. Ich schalte meinen Computer aus. Gerade habe ich Abendmahl gefeiert. Digital bei Brot&Liebe, dem Zoom-Gottesdienst im Storytelling-Format, den ich mitgegründet habe. Wir feiern zweimal monatlich und zusätzlich an Feiertagen je eine Stunde Gottesdienst mit etwa 60 bis 80 Teilnehmenden. Brot&Liebe ist ein ökumenisches Projekt, zusammen mit Katholik:innen aus der Schweiz.

In den ersten Jahren auf meiner Pfarrstelle im digitalen Raum wurde ich in Interviews oft gefragt, wo ich die Grenze bei geistlichen Angeboten in den digitalen Formaten sehe. Meine Antwort war immer – beim Abendmahl. Das könne man nicht gut digital feiern.

Dann kam die Corona-Pandemie und wir starteten die Brot&Liebe-Gottesdienste. Klar war für uns als Team: Wir feiern Gottesdienste so, wie wir sie gerne feiern möchten, digital, ohne dass einfach nur das Analoge übertragen wird, sondern mit verschiedenen Möglichkeiten der Teilnehmenden, sich einzubringen, und mit Elementen, die wir für unseren Glauben brauchen. Und so feierten wir

von Beginn an, seit Mitte des Jahres 2020, Zoom-Got-
tesdienste inklusive Chat-Gebeten mit dem gemeinsamen
Anzünden einer Kerze, dem Auffangen der Gedanken der
Teilnehmenden in einer Wortwolke, verschiedenen Se-
gensritualen und digitalem Abendmahl. Genau so sind
wir Kirchen per Definition des Augsburger Bekenntnis-
ses, also der Confessio Augustana: Wir versammeln uns
mit Gläubigen, sprechen über das Evangelium und feiern
Abendmahl (CA7).

Diese verschiedenen digitalen Angebote, Glauben zu
feiern und christliche Gemeinschaft zu erleben, sind die
Formate, die mich geistlich abholen.

Für mich ist das Feiern eines digitalen Gottesdienstes
selbstverständlich geworden. So wie es für mich selbstverständlich ist, morgens die Nachrichten über einen Pod-
cast zu hören, Serien über Streaming-Dienste zu schauen,
auf Arbeit über E-Mails zu kommunizieren, meine Rou-
ten über eine Karten-App zu planen, Social Media zu
nutzen und mit meiner Oma Bilder über WhatsApp aus-
zutauschen. Die analoge und die digitale Welt sind dabei nicht voneinander zu trennen. Der polnische Dichter
und Informatiker Piotr Czerski beschreibt das folgender-
maßen: »Für uns ist das Internet keine externe Erweite-
rung unserer Wirklichkeit, sondern ein Teil von ihr: eine
unsichtbare, aber jederzeit präsente Schicht, die mit der
körperlichen Umgebung verflochten ist. Wir benutzen
das Internet nicht, wir leben darin und damit.«[44]

Digitalisierung ist für mich eine völlig natürliche Realität, so wie für den Großteil der Menschen in Deutschland: Bis zum Alter von 69 Jahren nutzen so gut wie alle Menschen das Internet, ab 70 Jahren sind es immerhin noch 80 Prozent.[45] Des Weiteren nutzen vier von fünf Menschen pro Tag das Internet.[46] Aufgrund dieser Zahlen spricht man mittlerweile auch von der Digitalität – eine Wortzusammenführung aus Digitalisierung und Realität.

Die Kirche kann sich dieser Realität nicht entziehen, denn es ist der Auftrag der Kirche und ihre Selbstbestimmung, die Realität ernst- und wahrzunehmen: Gott wurde in Jesus Mensch – Teil unserer Welt, Teil unserer Kultur. Die Digitalität ist Realität, Kultur und allumfassend. Deshalb können wir uns als Kirche nicht ablehnend gegenüber der Digitalität verhalten.[47]

In der Kirche erlebe ich es noch sehr häufig, dass mit Blick auf die digitalen Themen und Social Media von »Neuland« gesprochen wird. Bis 2019 wurde mir, wenn ich für Vorträge eingeladen war, oft vor Ort dann erklärt, dass das Internet eine Modeerscheinung sei und sich der »Hype« doch auch wieder legen würde. Diesen Satz habe ich immerhin seit der Corona-Pandemie nicht mehr gehört. Trotzdem gibt es immer noch eine große Unsicherheit, Skepsis, Ablehnung und fehlende Medienkompetenz auf zu vielen Ebenen.

Der digitale Raum gehört zur Kirche völlig normal ohne Einschränkungen dazu.

Keine »richtige« Pfarrerin?

Der Berliner Kirchenkreis Tempelhof-Schöneberg hatte sich im Jahr 2018 mit dem Thema Digitalität beschäftigt und mich im Zuge dessen als Referentin eingeladen, da ich auf Instagram schon in meiner Examensvorbereitung und Vikariatszeit aktiv war.

2019 wurde ich dort die erste »Pfarrerin im digitalen Raum«. Meine Pfarrstelle für Kirche im digitalen Raum gab es vorher so nicht. Der Kirchenkreis Tempelhof-Schöneberg schuf sie zum Januar 2019 und wir hatten das Glück, dass ich auf diese Stelle auch entsandt wurde, da man sich die erste Pfarrstelle nach dem Vikariat nicht aussuchen darf.

In diesem Prozess waren verschiedene Dinge neu und progressiv, die letztendlich dazu geführt haben, dass ich meine Arbeit produktiv und erfolgreich umsetzen konnte. Es wurde wahr- und ernstgenommen, dass Social Media Zeit braucht und nicht allein Teil der Öffentlichkeitsarbeit, sondern auch der Verkündigung der christlichen Botschaft und ein Bekenntnis zu meinem Glauben sind.

Es wurde bewusst geschaut, wer in dem Themenbereich von Digitalität und Social Media schon engagiert und kompetent war, und vor allem auch – wer daran Freude hatte.

Es gab keine festgesetzten fertigen Pläne, einen Aufgabenkatalog oder eine Hidden Agenda – ich durfte gerade die ersten Monate recherchieren und ausprobieren, womit ich mich wohlfühle und was zu diesem Pfarramt passt. Ich war dabei eingebunden in einem Team, mit dem ich kontinuierlich im Gespräch war. Wir haben reflektiert, wenn Dinge nicht so funktioniert haben, wie sie geplant waren, und ich hatte eine kollegiale Beratung bei Problemen und Hassnachrichten. Hier habe ich erfahren, wie Kirche auch sein kann und wie gute Teamarbeit im Pfarramt funktioniert.

Wir müssen als Christ:innen in der evangelischen Kirche offen sein dafür, dass etwas anders gemacht werden muss, damit sich wirklich etwas bewegen kann. Veränderung ist immer auch mit Angst und Mut verbunden, sie kann vielleicht anfangs schmerzhaft sein, aber auch heilsam. Fehler dürfen gemacht werden, sie passieren automatisch, wenn Menschen mutig etwas verändern.

Es gab zu Beginn innerkirchlich Häme und Spott. Immer wieder gab es den Vorwurf, dass das ja keine »richtige« Arbeit als Pfarrerin sei, und auch den Satz: »Jetzt bekommt eine richtige Gemeinde keine Pfarrerin.«

Wenn ich nach den größten Herausforderungen meiner Arbeit gefragt werde, dann muss ich oft sagen, dass es Neid, Frust gegenüber der aktuellen kirchlichen Situation und die Angst vor Veränderungen sind. Oft bin ich mit meiner Pfarrstelle in diesen Kontexten Projektionsfläche für all das und bekomme das dementsprechend ab. Meiner Erfahrung nach sind das auch für andere Christ:innen, die sich auf Social Media engagieren wollen, die größten Herausforderungen.

Dazu kommt, dass die leitenden Personen, gerade auf der mittleren Ebene, größtenteils sehr digitalunerfahren sind. Es gibt eher die Ablehnung des »Neulands« oder Infragestellung statt Support und Rückendeckung. Was aktuell noch komplett fehlt, ist ein gutes Angebot von Supervisionsmöglichkeiten mit Personen, die sich sowohl im kirchlichen als auch im Social-Media-Bereich auskennen.

Deshalb ist einer meiner wichtigsten Ratschläge für diese Situation, dass keine Person allein bleiben sollte, wenn sie im Bereich Social Media arbeitet. Es braucht vertraute Personen oder Kleingruppen, die sich mit den sozialen Medien auskennen. Bildet Banden. Findet Kompliz:innen. Knüpft Netzwerke. Ich habe sowohl im yeet- als auch im ruach.jetzt-Netzwerk einen Rückhalt gefunden, der mich trägt, Personen, die verstehen, was und wie ich arbeite, und Menschen, mit denen ich mich austauschen kann. Denn das Gute am digitalen Raum ist, dass es egal ist, wo eine Person jeweils wohnt – vertraute Personen sind digital trotzdem zu finden.

Was mache ich wie?

Neben dem NABC-Ansatz arbeite ich im Bereich Social Media auch schon immer nach dem Storytelling-Prinzip: Ich nehme die Menschen mit auf den Weg, in meine Begegnungen, in meinen Alltag. Wenn ich auf eine Dienstreise gehe, dann zeige ich in meiner Story den Zug, erzähle, was ich auf der Fahrt mache, zeige den Ort, an dem ich ankomme, und berichte dann von den inhaltlichen Schwerpunkten.

Ich stelle mir immer die Fragen: Was möchte ich erzählen? Was soll dabei rüberkommen? Welche Emotionen habe ich dabei und wie kann ich diese auch transportieren?

Wichtig ist dabei immer, dass all das authentisch passiert. »Authentisch« ist inzwischen ein überstrapazierter Begriff, da jede Person in jeder Situation des Alltags immer nur bedingt authentisch ist – überall passen wir uns an vorgegebene Normen und Gegebenheiten an. Gerade auf Social Media können wir besonders bewusst aussuchen, was wir zeigen und erzählen wollen. Das ist ein enormer Schatz, gleichzeig birgt es aber auch die Herausforderung, dass sehr schnell von den Follower:innen erkannt wird, für welches Thema wir wirklich brennen und für welches nicht.

Deshalb stelle ich mir bei den verschiedenen Themen immer wieder folgende Fragen:

Für welches Thema möchte ich mich gerade einsetzen und kann es auch mit großer Überzeugung? Und das müssen nicht immer explizit christliche Themen sein.

Über welches Thema möchte ich nicht sprechen?

Was sind aktuell noch Wunden in meinem Leben, die auch nicht thematisiert werden?

Welche Themen sind vielleicht schon Narben und es lohnt sich, darüber zu sprechen, weil mir dabei vielleicht auch mein Glaube geholfen hat?

Wie rede ich über dieses Thema verständlich?

Das ist für mich eine der wichtigsten Fragen, da unsere Sprache ein unfassbar wichtiger Schlüssel ist.

Wenn ich von den Pharisären, dem »Geist des Herrn« und der »Fülle des Lebens« rede oder Hosianna rufe, wissen Menschen, die regelmäßig in den Gottesdienst gehen und Gemeindeveranstaltungen besuchen, wahrscheinlich, was damit gemeint ist. Zumindest hatten sie Jahre Zeit, diese Worte und Sätze mit christlichen Inhalten zu deuten. Bei anderen ist das möglicherweise nicht so. Unser Kirchensprech ist für viele Menschen nicht verständlich, auch nicht die vielen Abkürzungen, Fremdwörter oder zum Teil churchy Themen. Was nun ein Oberkonsistorialrat, eine Generalsuperintendentin, das KVA, ein Prälat, der GKR oder ein Sprengel ist, erschließt sich nur aus der intensiven Beschäftigung mit der Organisation selbst. Oder wenn man das Organigramm der jeweiligen Landeskirche durchdrungen hat, denn es gibt unterschiedliche Bezeichnungen für die gleichen Dinge – je nach Landessynode und kirchengeschichtlichem Hintergrund.

Grundsätzlich hat jede Institution eine eigene Abkürzung und eigene Vokabeln. Der Unterschied ist nur, dass wir als Kirche auch einladend wirken wollen – Menschen sollen sich bei uns angenommen und zugehörig fühlen. Sie sollen verstehen, woran wir glauben und warum uns Gott in unserem Leben Halt ist und Hoffnung gibt. Das können wir nicht vermitteln, wenn sich Menschen schon aufgrund unserer Sprache außen vor fühlen – wenn sie uns nicht verstehen. Ich frage mich bei jedem Thema, ob meine Sprache auch eine Person verstehen würde, die noch nie eine konkrete Begegnung mit der Kirche oder dem christlichen Glauben gemacht hat. Diese Herangehensweise habe ich von Social Media übernommen und sie hat mein ganzes Sein und Wirken als Theologin und Pfarrerin verändert. Denn bei aller Kommunikation auf Social Media muss ich sehr klar für mich wissen, woran und wie ich glaube. Ich bin durch Social Media in Bezug auf meinen christlichen Glauben sprachfähig. Denn wenn etwas für mich selbst unklar war, dann war es immer schwierig, mit verständlicher Sprache darüber hinwegzutäuschen, also musste ich es für mich theologisch und mit Blick auf meinen Glauben klären. Inhaltslose Glaubensphrasen funktionieren auf Social Media nicht.

»Ich selbst bin absolut nicht gläubig, höre dir aber trotzdem sehr gern zu und deine Ansichten regen mich wirklich sehr oft zum Nachdenken an. Das hat ›die Kirche‹ bisher wirklich noch nie geschafft.« – »Ich folge dir sehr gerne. Ich bin zwar nicht kirchlich und habe keinen bestimmten Glauben, aber das, was du machst, finde ich sehr interessant.« – Nachrichten wie diese bekomme ich immer wieder. Die Chancen von Social Media liegen auf der Hand. Dank Social Media bin ich mit so vielen Menschen in Kontakt, führe Seelsorgegespräche und habe die Möglichkeit zu zeigen, dass Gott einladend und Christentum vielfältig ist.

Online von Gott reden – die Kommunikation des Evangeliums

Meine Arbeit in den sozialen Medien ist die Kommunikation des Evangeliums. Das völlig natürliche und auch verständliche Reden über Gott, Glauben und Kirche. Ich poste Beiträge, produziere und schneide Videos, beteilige mich an Debatten und bringe unterschiedliche Themen ein und verbreite auch Themen und Beiträge anderer Christ:innen oder gesellschaftlicher Player:innen. In diesem Zusammenhang bedeutet für mich digitale Kirche, dass Glaube im Internet auf ganz unterschiedliche Art und Weise gelebt wird, indem durch Veröffentlichen, Liken und Teilen von Beiträgen das Evangelium kommuniziert wird.

Ich zeige mich dabei als Person in den sozialen Medien mit meiner Arbeit in der Kirche, meinem Leben, meinem Glauben, meinen Lebenseinstellungen und Bekenntnissen – das alles spricht von meinem Glauben und von Gott. Dass die Person im Vordergrund steht, ist kein »Mitgehen mit dem Zeitgeist« oder »Vermarktung einer Person«, sondern Teil eines Wandels, auch was das Pfarramt betrifft: Hier verkörpert die Person Kirche und Glaube. Wenn ich zu einem Beerdigungsgespräch gehe und mich die Zugehörigen vorher nicht kennen – was in Berlin immer wieder passiert –, dann trägt mich an dieser Stelle mein Pfarramt. Die Menschen, die ich besuche, wissen, dass eine Pfarrerin kommt, das ist ihnen wichtig. Wer ich als Person bin, ist erst der zweite Schritt des Kennenlernens.

In den sozialen Medien ist das anders. Hier trägt die Person das Amt und nicht das Amt die Person. Dadurch, dass ich Teile aus meinem Leben und Berufsleben preisgebe, kann ich Vertrauen schaffen – die Menschen, die sich die Storys und Posts auf meinem Account anschauen, lernen mich kennen. So bekommen sie einen neuen Zugang zur Kirche.

Mir war dabei von Anfang an klar, dass ich nicht nur kirchliche oder theologische Themen veröffentliche, sondern dass es auch um mich als Person, meinen Alltag und mein Leben als Frau und Mama geht. In die damit zusammenhängenden Themen nehme ich meine Follower:innen mit.

Regelmäßig wurde mir dabei der Vorwurf gemacht, meine Posts seien zu oberflächlich, eitel oder ohne Inhalt. Doch diese Kritik verkennt, welche Botschaft die Beiträge transportieren. Wenn ich nach einem anstrengenden Arbeitstag abends in meiner Story poste, dass ich mir jetzt ein Bad einlasse, dann transportiert das auch Themen wie Achtsamkeit und Selbstsorge. Die Tatsache, dass ich auf mich achte und Pausen nehme, ist Teil meines christlichen Verständnisses, dass nicht nur Arbeit zum Leben dazugehört – alles hat seine Zeit. Wenn ich in meinen Storys etwas über ein neues Outfit berichte, über das ich mich freue, dann spricht das gleichzeitig die Themen an, dass wir uns über unsere eigene Schönheit auch freuen dürfen, weil Gott uns wunderbar erschaffen hat. Wenn ich auf Social Media darüber berichte, dass ich Sport mache, dann impliziert das auch, dass ich auf meinen Körper und meine Gesundheit achte, weil Gesundheit ein hohes Gut ist und ich dankbar dafür bin.

All die Posts transportieren weitere Inhalte zu Glauben und Theologie. Wenn ich poste, ist das implizite Kommunikation des Evangeliums und der christlichen Botschaft – sie ist enthalten, wird aber nicht ausdrücklich benannt. Es muss nicht alles theologisch ausdrücklich benannt oder erklärt werden oder Gott in jedem Satz vorkommen. Denn Gott ist sowieso immer dabei: Durch meinen Glauben ist Gott Teil meines Lebens und auch meines Postens in den sozialen Medien.

»Gehet hin in die Welt!«

Die Digitalität hat in den letzten zehn Jahren die Kommunikation und die Kommunikationsstrukturen grundlegend verändert. Auch für die Kirche ist das von enormer Bedeutung, denn die Kommunikation des Evangeliums in den sozialen Medien ist Priestertum aller Gläubigen par excellence: In den sozialen Medien bestimmen nicht allein Theolog:innen oder Pfarrpersonen, was gesagt wird, sondern alle Christ:innen können über ihren Glauben sprechen. Denn in den sozialen Medien kommen zwei wichtige Punkte zusammen: Erstens sind die Menschen schon dort, und zweitens können Menschen dort frei darüber sprechen, was sie glauben.

Wir haben als Christ:innen gerade in den sozialen Medien die Möglichkeit, christliche Werte zu vermitteln. Glauben und Sinn vermitteln neben all den anderen Themen und gleichzeitig zeigen, dass wir völlig normale Menschen sind. Die Kirche kann so in unserer pluralen Gesellschaft als Gesprächspartnerin wahrgenommen werden. Jesus selbst wurde Teil der Welt, warum sollten wir uns als Gemeinden und Kirchen weiterhin raushalten, wenn Digitalität Teil der Welt ist?

Eben davon spricht auch der Missionsbefehl in Matthäus 28, speziell die Verse 19–20: »Geht nun hin zu allen Völkern und ladet die Menschen ein, meine Jünger und Jüngerinnen zu werden. Tauft sie im Namen des Vaters, des Sohnes und des Heiligen Geistes! Und lehrt sie, alles zu tun, was ich euch geboten habe! Seid gewiss: Ich bin immer bei euch, jeden Tag bis zum Ende der Welt« (zitiert nach der BasisBibel). Es wird betont, dass Christ:innen *zu* den Menschen gehen sollen.

Über den Glauben sprechen und zeigen, wie man selbst Leben als Christ:in auf Social Media gestaltet, ist somit immer auch Mission, die Verbreitung von der Liebe Gottes. Mission ist in erster Linie Gottes Mission. Denn die Kirche ist nicht das Missionssubjekt, sie ist weder Ausgangspunkt noch Ziel der Mission – Gott handelt selbst. Gott sendet Christ:innen in die Welt und ist gleichzeitig immer gegenwärtig – Gott ist dabei. Was Gott wirkt und wie Gott wirkt, haben wir selbst nicht in der Hand. Gott selbst bleibt dabei immer Gott. Gott verändert sich nicht je nachdem, wie sich die Kultur verändert, sondern Gott wirkt an diesem Ort. Göttlich, gnädig, universell. Das gilt auch für die sozialen Medien. Was Gott wirkt oder wie Gott für andere Menschen erfahrbar wird, wissen wir nicht, wenn wir etwas veröffentlichen oder teilen. Aber die Tatsache, dass wir im digitalen Raum als Christ:innen erkennbar sind und über Gott sprechen, zeigt: Gott ist da und wirkt.

SCHLUSS

Sehr aufgeregt setze ich mich auf den Stuhl an dem ovalen Tisch. Mir gegenüber sitzen drei Männer und schauen mich erwartungsvoll an. In dem Raum ist es sonnig, etwas stickig und für mein Empfinden etwas zu warm. Vielleicht liegt das aber auch an meiner Aufregung, denn ich sitze mitten im Bewerbungsgespräch für die praktische Ausbildungsphase ins Pfarramt. Ein wichtiger Termin, wie ich weiß, und gleichzeitig stecke ich nebenbei noch im Examen und schweife gedanklich immer wieder zu meinen Prüfungsvorbereitungen.

Doch ich weiß, es gibt in Bewerbungsgesprächen oft zwei bedeutende Fragen. Die eine lautet: »Wie sind Sie hierhergekommen?« Eine Frage, auf die man den eigenen Werdegang schillernd und schimmernd darstellen soll. Natürlich immer mit einer guten Portion Realismus. Und Tiefschlägen, aus denen man so viel mehr gelernt hat. Wie man sich durchbeißen konnte, um jetzt hier zu sein. Es geht bei der Antwort auf diese Frage um Selbstbewusstsein, Können und Stärke.

Ich höre die Frage: »Frau Brückner, wie sind Sie hierhergekommen?«

Und antworte doch ziemlich überrascht: »Mit der U-Bahn.«

Vielleicht hat das Lachen der anderen mir geholfen, in dem Gespräch anzukommen. Vielleicht ist das die Prise Humor, die wir manchmal bei den schweren Fragen brauchen, um anzukommen.

Wie bei der anderen Frage, die ich noch schwieriger finde: »Wo sehen Sie sich in 10 Jahren?«

Wo sehen wir unsere Kirche in den nächsten Jahren? Hat diese Kirche eine Zukunft? Ich glaube ja. Aber sie ist anders, als wir sie uns alle ausmalen. Und das verunsichert auch mich immer wieder.

Klar ist – unsere Gesellschaft ändert sich und wir uns mit ihr. Doch ich möchte mich nicht von der Angst leiten lassen, sondern von unserem Glauben – weil Kirche sich schon immer verändert hat. Ich wünschte, ich könnte von einer schillernd schimmernden angstfreien Zukunft der Kirche träumen – aber die gibt es nicht, sind wir mal realistisch. Und dennoch haben wir eine kirchliche Zukunft als Ort des Glaubens, der Hoffnung und des Halts für Menschen mitten in dieser überfordernden Welt.

Wir brauchen Mut, um von einem »das haben wir schon immer so gemacht« zu einem »das probieren wir jetzt einfach mal aus« zu kommen. Im Wissen, dass sich Meinungen und Erkenntnisse ändern werden. Lasst uns ausprobieren, Erfolge feiern und gnädig scheitern. Weg von den

Untergangsszenarien hin zu grundlegenden Veränderungen und Weiterentwicklungen, die die kirchliche Realität vor Augen hat. Sei es mit Blick auf die getauften Menschen, die nicht mehr in der Kirche sind, oder mit Blick auf einen generellen Wandel der Kirchenmitgliedschaft, die aktuell an die Taufe und eine Kirchensteuerpflicht gekoppelt ist.

Wir brauchen Mut, uns einzugestehen, dass wir Fehler gemacht haben und machen werden. Lasst uns nicht nur um Verzeihung bitten, sondern uns aktiv verändern, bremsende Abschiedsprozesse abschließen und eine Institution werden, die als Role Model in unserer Gesellschaft zuversichtlich, gleichwürdig, deutlich und in Nächstenliebe wirkt.

Wir brauchen Mut, uns in Offenheit zwischen den Generationen gegenüberzutreten, Macht abzugeben und gemeinsam solidarisch Strukturwandel zu gestalten. Unsere Kirche heute darf nicht die Zukunft der Generation nach uns kosten. Weg vom protestantischen Arbeitsethos des Überlastungsstolzes hin zu Regeneration und Schutz vor Burn-out.

Wir können es uns nicht mehr leisten, gegeneinander zu arbeiten, es geht nur miteinander. Weil wir die Veränderung der Kirche nur gemeinsam gestalten können: ehrlich und gnädig hin zu einer Glaubensgemeinschaft, die bunter, kleiner, offener, aber auch wirksamer wird.

DANKE

Ich habe lange überlegt, wo ich anfange, Danke zu sagen und irgendwie hat mich diese Aufgabe überfordert. Viele Sätze aus dem Buch konnten nur entstehen, weil mich über Jahrzehnte so viele Menschen in meinem Leben und in der Kirche begleitet haben. Ich versuche niemanden zu vergessen, vermute, dass ich daran scheitere und muss deshalb wahrscheinlich ein weiteres Buch schreiben, um das dann wieder gut zu machen …

Danke an meinen Mann und meine Kinder, fürs wilde, alltägliche, haltgebende Leben mit Euch. Zu Euch nach Hause kommen zu können, war das Wichtigste im Schreibprozesses, um wieder Klarsehen zu können. Ich liebe Euch.

Danke an meine Eltern, meine Großeltern, meine Geschwister, meine Schwiegereltern und meine Familie – Euch allen fürs Familiesein und für alle Unterstützung. Dabei ist dieser Satz viel zu klein, diese Seite viel zu kurz und selbst das klingt zu kitschig, aber wirklich danke für all das, für das Leben mit Euch.

Danke an meine Freund:innen und Wegbegleiter:innen, für jedes offene Ohr, fürs Dasein, für Kaffee, Lachen, Sprachnachrichten, Wein, für Eure Geduld auf meine Antworten. Dafür, dass Ihr nicht alle in der Kirche arbeitet – das tut so gut. Danke an mein Patenkind. Danke an mein ehemaliges Jugendgottesdienst-Team und meine ehemalige Band in der Stadtmission Pankow. Die Zeit war Gold, Ihr habt so viel geprägt – jede einzelne Person und wir als Gesamtgruppe, ohne Euch hätte ich nie die Motivation gefunden Kirche bunt gestalten und verändern zu wollen.

Danke an meine ehemalige Junge Gemeinde in der Hoffnungskirche Pankow, in der ich arbeiten durfte, und an die dazugehörige Gemeinde, der die Arbeit mit den Jugendlichen wichtig war.

Danke an alle Menschen, die mit mir Camp gelebt haben – in offener Vielfalt und Liberalität. Ich hab so viel gelernt – in alle Richtungen.

Danke an meine Vikariatsgemeinde in Frohnau, meine Vikariats-Regionalgruppe aus der EKBO, meine Predigerseminarsgruppe und meine Lerngruppe. Danke für alle Perspektiven, das kollegiale Miteinander, alle Unterstützung und das Dasein.

Danke an meine und unsere Norderney-Connection. Zweite Heimat, in echt und im Herzen.

Danke an das Brot&Liebe-Team, danke an Andrea, Jasmin, Fabian, Meinrad, Rob und dass wir gemeinsam Kirche gestalten und sein können. Und danke an Birgit für Sisterhood. Ohne Dich hätte ich mich nicht getraut einige Sätze hier drin stehen zu lassen.

Danke an meinen Kirchenkreis Tempelhof-Schöneberg, danke an alle Ehrenamtlichen und Kolleg:innen fürs Gestalten und Progressivsein, danke an Michael Raddatz für alle Unterstützung und danke an Alexander Höner fürs Team-Sein und jede kollegiale Beratung, wenn jemand von uns das Gefühl hat, dass der ganze Laden doch eh keinen Sinn mehr ergibt.

Danke an alle Frauen* in der Kirche, die unterstützen und keine patriarchalen Machtstrukturen bedienen. So schwer es auch ist – ihr glaubt nicht, was auch mir das für Mut macht.

Danke an meine Lektorin Johanna Oehler für diese gemeinsame Arbeit an den einzelnen Kapiteln und den Prozess. Mit keiner anderen Person hätte ich das lieber machen wollen.

Danke an alle Menschen aus meiner Familie, die schon im Himmel sind. Ihr fehlt mir so unfassbar hier und ich wüsste so gern, was Ihr hierzu sagt.

Danke an das yeet-Team, das ruach.jetzt-Netzwerk, meine digitale-Kirche-Community – ohne Euch wäre ich nicht hier wo ich jetzt bin.

Und – danke Gott. Danke, dass du da bist. Bei jedem Satz, den ich geschrieben habe. Bei jeder Unsicherheit. Und dem ganzen Prozess. Von Anfang an bis zum Schluss und bei allem, was noch wird.

ANMERKUNGEN

1   Vgl. https://studyflix.de/jobs/karriere-tipps/generationen-4838, abgerufen am 6. September 2023.

2   Vgl. https://kmu.ekd.de/kmu-themen/reformerwartungen, abgerufen am 14. Dezember 2023.

3   Vgl. Art. Perikopenrevision – Was ist neu?, https://www.kirchenjahr-evangelisch.de/perikopenrevision-was-ist-neu.php, abgerufen am 28. Juni 2023.

4   Vgl. https://kmu.ekd.de/kmu-themen/reformerwartungen, abgerufen am 14. Dezember 2023.

5   Stand: 31.12.2022, vgl. https://www.ekd.de/statistik-kirchenmitglieder-17279.htm, abgerufen am 9. November 2023.

6   Vgl. https://www.dbk.de/katholische-kirche/katholiken/, abgerufen am 9. November 2023.

7   Vgl. https://www.ekd.de/projektion2060-mitgliederzahlen-45532.htm, abgerufen am 28. Juni 2023.

8   Vgl. https://nielschrist.wordpress.com/2012/07/13/the-nabc-method-standford-research-institute-sri/, abgerufen am 28. Juni 2023.

9   Danke an die Kantorin Judith Wolf für diese schöne Idee.

10 Vgl. Svenja Gelowicz: »Viele Babyboomer sind an ihre Belastungsgrenze gekommen«, https://amp2.wiwo.de/erfolg/management/generation-babyboomer-viele-babyboomer-sind-an-ihre-belastungsgrenzen-gekommen/28792358.html, abgerufen am 28. Juni 2023.

11 Ebd.

12 Vgl. Veronika Eufinger, Ein neues Ehrenamt für die Kirche. In: Herder-Korrespondenz 5/2022. S. 34–36. Online: https://www.herder.de/hk/hefte/archiv/2022/5-2022/ein-neues-ehrenamt-fuer-die-kirche-

empfehlungen-zum-management-des-strukturwandels/, abgerufen am 9. November 2023.

13 Vgl.: https://www.zwoelf-apostel-berlin.de/page/1591/unser-leitbild, abgerufen am 2. November 2023.

14 Vgl. https://www.liebetutderseelegut.de, abgerufen am 2. November 2023.

15 Vgl. Rajah Scheepers (Hrsg.): Vorgängerinnen. Der Weg von Frauen in das geistliche Amt. Festschrift zum Jubiläum 45 Jahre Gleichstellung von Frauen und Männern im Pfarramt in der Evangelischen Kirche Berlin-Brandenburg-schlesische Oberlausitz, Berlin 2019, S. 2.

16 Ebd.

17 Vgl. Studienzentrum der EKD für Genderfragen (Hrsg.): Wer leitet die Kirche? Tabellenband mit aktualisierten Daten zum Atlas zur Gleichstellung von Frauen und Männern in der evangelischen Kirche in Deutschland (2015), Hannover 2020.

18 Vgl. Klostermann, Anne: Geschlechtergerechte Sprache beeinflusst kindliche Wahrnehmung von Berufen, 09.06.2015, https://idw-online. de/de/news632492, abgerufen am 2. November 2023.

19 Ich schreibe das Wort »Frau« in dem Wissen, dass hinter dem Wort mehr steckt als das physisch-biologische Merkmal: Er enthält zugeschriebene Normen, Bedürfnisse und Fähigkeiten. Der Begriff »Frau« steht aber auch für alle Menschen, die sich als Frau bezeichnen (vgl. WECF, Sprache und Gender, Sprache verstehen, https://www.wecf.org/de/sprache-und-gender/, abgerufen am 7. November 2023).

20 Vgl. Eckart Stengel: Kirche im Namen von Paulus. Tagesspiegel, 18.06.2008, https://www.tagesspiegel.de/gesellschaft/panorama/im-namen-von-paulus-1661227.html, abgerufen am 7. November 2023.

21 Bibelstunde 04.09.2019, Der 1. Korintherbrief, https://www.youtube. com/watch?v=YP4GsLPDp_w, abgerufen am 30. Juni 2023.

22 Vgl. Oliver Decker, Johannes Kiess, Ayline Heller, Julia Schuler, Elmar Brähler: Die Leipziger Autoritarismus-Studie 2022. Methode, Ergebnisse und Langzeitverlauf, in: Decker u. a.: Autoritäre Dynamiken, S. 31–90, hier S. 72–74; Fiona Kalkstein, Gert Pickel, Johanna Niendorf, Charlotte Höcker, Oliver Decker: Antifeminismus und Geschlechterdemokratie, in: Decker u. a.: Autoritäre Dynamiken, S. 245–270, hier S. 245–246.

23 Vgl. Oliver Decker, Johannes Kiess, Ayline Heller, Elmar Brähler (Hg.): Autoritäre Dynamiken in unsicheren Zeiten. Neue Herausforderungen – alte Reaktionen? Leipziger Autoritarismus Studie 2022, Gießen 2022.

24 Ebd., S. 72–74.

25 Ebd., S. 73.

26 Ebd., S. 74.

27 Ebd., S. 73.

28 Ebd., S. 74–76.

29 Vgl. ebd., S. 246–247.

30 Vgl. ebd.

31 Vgl. UN Woman Deutschland: Gender Gaps in Deutschland, https://unwomen.de/gender-gaps-in-deutschland/, abgerufen am 11. September 2023.

32 Vgl. ebd.

33 Vgl. Statistisches Bundesamt: Pressemitteilung Nr. N 015 vom 7. März 2023, https://www.destatis.de/DE/Presse/Pressemitteilungen/2023/03/PD23_N015_12_63.html, abgerufen am 7. November 2023.

34 Vgl. ebd.

35 https://www.bmfsfj.de/bmfsfj/themen/gleichstellung/frauen-vor-gewalt-schuetzen/haeusliche-gewalt/formen-der-gewalt-erkennen-80642, abgerufen am 7. November 2023.

36 https://www.bmfsfj.de/bmfsfj/themen/gleichstellung/frauen-vor-gewalt-schuetzen/haeusliche-gewalt/formen-der-gewalt-erkennen-80642, abgerufen am 7. November 2023.

37 Schlussbericht der unabhängigen Kommission zur Aufarbeitung von Missbrauchsfällen im Gebiet der ehemaligen Nordelbischen Evangelisch-Lutherischen Kirche, heute Evangelisch-Lutherische Kirche in Norddeutschland, Hamburg/Köln/Bonn, 03.10.2014.

38 Zitiert nach Thomas Klatt: Missbrauchsskandal in der EKD. Versuch einer Zwischenbilanz, Deutschlandfunk, 03.11.2021, https://www.deutschlandfunk.de/missbrauchsskandal-in-der-ekd-versuch-einer-zwischenbilanz-100.html, abgerufen am 7. November 2023.

39 Schlussbericht der unabhängigen Kommission zur Aufarbeitung von Missbrauchsfällen im Gebiet der ehemaligen Nordelbischen

Evangelisch-Lutherischen Kirche, heute Evangelisch-Lutherische Kirche in Norddeutschland, Hamburg/Köln/Bonn, 03.10.2014.

40 https://www.deutschlandfunk.de/katholische-kirche-missbrauch-strafverfolgung-100.html#Warum, abgerufen am 7. November 2023.

41 Vgl. https://www.ekd.de/massnahmen_zum_schutz_praevention.htm, abgerufen am 7. November 2023.

42 Schlussbericht der unabhängigen Kommission zur Aufarbeitung von Missbrauchsfällen im Gebiet der ehemaligen Nordelbischen Evangelisch-Lutherischen Kirche, heute Evangelisch-Lutherische Kirche in Norddeutschland, Hamburg/Köln/Bonn, 03.10.2014.

43 Vgl. »Feministin und Christin, Frauen und Kirche« von Theresa Brückner in: Bettina Schulte (Hg), Heute ist ein guter Tag, das Patriarchat abzuschaffen, Hirzel 2024.

44 Vgl. https://www.zeit.de/digital/internet/2012-02/wir-die-netz-kinder, abgerufen am 7. November 2023.

45 Vgl. https://www.ard-zdf-onlinestudie.de/files/2022/ARD_ZDF_Onlinestudie_2022_Publikationscharts.pdf, abgerufen am 7. November 2023.

46 Vgl. https://www.ard-zdf-onlinestudie.de/files/2022/ARD_ZDF_Onlinestudie_2022_Publikationscharts.pdf, abgerufen am 7. November 2023.

47 Vgl. Christiane Moldenhauer: Praktische Theologie der Bibel, Exemplarische Felder des Bibelgebrauchs in kirchlich-gemeindlicher Praxis, in: BEG, Band 25, Göttingen 2018, S. 478.